카툰
인문학 ②

카툰 인문학 ②

발행일   2016년 6월 27일

지은이   전 왕
펴낸이   손 형 국
펴낸곳   (주)북랩
편집인   선일영   편집   김향인, 서대종, 권유선, 김예지, 김송이
디자인   이현수, 신혜림, 윤미리내, 임혜수   제작   박기성, 황동현, 구성우
마케팅   김회란, 박진관, 김아름
출판등록   2004. 12. 1(제2012-000051호)
주소   서울시 금천구 가산디지털 1로 168, 우림라이온스밸리 B동 B113, 114호
홈페이지   www.book.co.kr
전화번호   (02)2026-5777   팩스   (02)2026-5747

ISBN   979-11-5987-083-5 04300(종이책)   979-11-5987-084-2 05300(전자책)
          979-11-5987-046-0 04300(세트)

이 도서의 국립중앙도서관 출판예정도서목록(CIP)은 서지정보유통지원시스템 홈페이지(http://seoji.nl.go.kr)와
국가자료공동목록시스템(http://www.nl.go.kr/kolisnet)에서 이용하실 수 있습니다.
(CIP제어번호 : CIP2016014228)

문화는 인간의 이성이나 도덕관념이 만들어낸 것 입니다.

카툰 인문학 ②

변호사
전 왕

북랩 book Lab

Intro

   인문학은 인간의 사상 및 문화를 대상으로 하는 학문 영역으로서 인간과 관련된 근원적인 문제를 다루고 있기 때문에 우리에게 세상의 흐름을 읽고 이해하는 식견과 안목을 제공하여 복잡한 세상사와 삶에서 부딪치는 문제를 풀어나가는 지혜의 원천이 됩니다. 한 시대의 문제는 결국 인간의 문제이며 변화무쌍한 세상사를 예측하고 적절한 대책을 강구하기 위해서는 인간에 대한 이해, 인문학적 소양이 필수적으로 요구됩니다.

   우리는 지금까지 당장 배워서 써먹을 수 있는 기술과 어학교육에 치중해 왔고 입시 위주의 교육은 우리를 영어, 수학에 몰입하도록 내몰아 왔습니다. 또 당장 눈앞에 보이는 이익을 추구하는 상업주의에 물든 교육 풍토는 돈이 되지 않는다는 이유로 인문학적 가치를 소홀히 해 온 것이 사실입니다. 이러한 태도는 약자에 대한 비하·따돌림, 물신주의, 인간 소외, 생명 경시 풍조, 환경 파괴 등의 부작용을 초래하여 모두의 안전과 행복을 위협하고 있을 뿐 아니라 장기적으로 부를 가져올 수 있는 미래가치를 창출해 내는 일을 등한시하게 되어 우리의 미래를 어둡게 하고 있습니다.

   롤프 옌센은 「Dream Society」에서 "정보의 독점 시대는 끝났고 인터넷은 경계가 없기 때문에 미래의 전쟁은 아이디어와 가치관을 내용으로 하는 문화와 이야기의 전쟁, 콘텐츠 전쟁이 될 것이며 뛰어난 이야기를 가진 전사가 세계와 시장을 지배할 것이다. 미래에는 기술, 정보, 군사력보다 문화 콘텐츠, 소프트 파워를 갖춘 문화의 힘이 세계를 지배할 것이다." 라고 하였습니다.

   역사에 상상력을 가미한 역사 드라마가 문화상품으로서 큰 부가가치를 창출한 것을 보면 인문학이 돈이 되지 않는다는 말도 이미 옛이야기가 되었습니다. '잭과 콩나무' 이야기에서 우주 엘리베이터 사업 아이디어를 얻게 된 것, '한 알의 모래 속에서 세계를 보고, 한 송이 들꽃 속에서 천국을 본다'는 시에서 영감을 얻어 스티브 잡스가 손안의 작은 세상 스마트폰을 발명한 것처럼, 사람들은 관계없는 이야기처럼 보이는 글 속에서 전혀 다른 사고방식을 접하게 되고 세계를 보는 눈이 바뀌게 되며 현재와 미래를 통찰할 수 있는 안목이 생기게 됩니다. 인문학적 소양에 바탕을 둔 상상력, 아이디어, 통찰력에 의해 경제적 부가 창출되고 새로운 사회가 만들어지는 것입니다.

이 책은 필자의 의견, 전문지식이나 연구결과를 소개하고자 하는 것이 아니라 문학, 철학, 역사, 정치, 경제, 문화, 예술, 인류학 등 인문학 분야의 필독서를 망라하여 인문학적 소양과 인성을 함양할 수 있도록 잘 정리된 책을 만들어 보고자 하는 의도에서 집필되었으며, 그것이 저자의 능력의 한계임을 밝혀 두고자 합니다. 여러 분야의 선지자, 석학들의 연구결과를 엄선하여 알기 쉽게 정리하는 것 역시 필요한 일이며 필자의 부족한 능력은 "현자의 임무는 정리하는 것이다."라는 토마스 아퀴나스의 신조로써 용기를 얻고자 합니다. 이 책을 읽으시는 모든 독자분들이 인간과 자연, 문명, 문화, 예술에 대한 이해를 높이고 통찰력을 기름과 동시에 인간을 존중하고 자연을 사랑하며 정신적 풍요 속에 진정 행복한 삶을 살아가시기를 기원합니다.

재판 준비 업무로 바쁜 와중에도 헌신적으로 원고 정리 작업을 도와준 비서 육경희 님과 책의 개요를 그림으로 센스 있게 표현하여 이해하기 쉽게 정리해 준 일러스트레이터 주영아 님, 감각적이고 그림을 돋보일 수 있게 커버 디자인과 편집 디자인을 해 준 그래픽 디자이너 이지수 님께 감사드립니다.

2016년 5월 15일

서초동 사무실에서

변호사 전 왕

Contents

제2장 예 술

제3장 나이듦에 대하여

제4장 죽 음

1

문화

제1장 문화

제1절 문화와 문화현상을 바라보는 방식

1. 관념론적 관점(ideological view)

> 문화는 인간의 이성이나 도덕관념이 만들어낸 것입니다.

관념론적 관점에서는 문화를 인간의 이성, 도덕관념 등 인간 정신의 뛰어난 활동이 만들어낸 것으로 본다.

관념론적 관점에서는 문화를 인간의 이성, 도덕관념 등 인간 정신의 뛰어난 활동이 만들어낸 것으로 본다. 문화관념론에서 문화는 힘들고 천박한 육체노동에서 해방된 수준 높은 엘리트들이 창조해 내는 것이며, 재능을 부여받고 훈련된 소수의 엘리트 집단이 문화의 주체가 된다고 설명한다. 이 견해에 의하면 문화를 이해하고 향유할 수 있는 소수 엘리트에 의한 문화지배가 정당화 된다. 따라서 문화를 관념론적으로만 바라보는 것은 문화와 문화현상을 이해하는데 한계가 있다.

2. 유물론적 관점(materialistic view)

　문화가 정신활동의 산물인 것은 사실이나 인간의 정신활동은 특정한 자연환경 속에서의 생존방식과 관련이 있고 그것은 사회적·물질적 조건과 관련이 있다. 이와 같이 문화를 생존조건과의 관련 속에서 파악하고자 하는 것을 문화에 대한 유물론적 관점 또는 문화유물론이라고 한다. 마르크스식의 표현에 따르면 인간의 의식이 존재를 규정하는 것이 아니라 인간의 사회적 조건이 인간의 의식을 규정한다.

　인류학자 마빈 해리스(Marvin Harris)는 저서 『문화의 수수께끼(The Riddles of Culture)』 등을 통하여 미스테리와 같은 많은 문화현상을 종교적 신념이나 가치관을 통해 정신화하여 설명하는 것에 도전하여 과학적이고 물질적인 다양한 설명을 제공하였다.

　그에 의하면 문화적 특성은 주어진 환경에 의해 결정되고 자본주의가 절대적인 잣대로 작용될 때는 원주민에게 폭력적인 결과를 가져오며 문화의 다양성과 상대성이 인정되지 않는 상태에서는 우리는 '제정신이 아닌 환상의 노예'가 될 수밖에 없다고 하였다.

> 문화를 인간의 생존조건과 관련지어 파악하고자 하는 문화유물론적 관점에서는 문화는 특정한 자연환경 속에서 생존 방식 특히 사회적, 물질적 조건과 관련이 있다고 본다.

> 문화는 환경에 적응하여 인간이 생존하기 위한 노력의 산물이요.

제2절 인간의 생존조건과 문화의 차이
1. 식인풍습의 소멸

   문화를 인간 정신의 활동 및 그 산물로 보는 관념론적인 입장에서는 국가가 성장하고 고차원적인 종교나 사상이 통치이념으로 자리 잡게 되면서 도덕적 가치를 중시하게 되어 식인풍습이 사라졌다고 설명한다. 그러나 문화를 사회적·물질적 생존조건과의 관련하에서 파악하는 문화유물론적 접근방식에 의하면 그 이유를 다르게 설명한다. 마빈 해리스에 의하면 식인풍습의 소멸은 경제적 잉여와 관련이 있다. 부족사회에서는 생산력이 낮았기 때문에 포로를 노예로 부릴 때의 생산력에 비하여 포로를 데려다 먹이는 비용이 더 들었다. 이 때문에 포로는 노동자로 활용되기보다 음식으로서 더 가치가 있었다. 그러나 생산력이 발전되면서 포로를 잡아먹는 것보다 노동력을 활용하는 것이 더 가치가 있게 되었고 나아가 항복한 포로를 죽이거나 잡아먹지 않는다는 것을 보장해 줌으로써 피정복민의 저항의 강도를 낮추는 부수적 효과까지 얻었기 때문에 식인풍습이 사라지게 되었다고 한다.

문화를 인간 정신의 뛰어난 활동 및 그 산물로 보는 문화관념론적 관점에서는 살인은 비도덕적이라는 고차원적인 사상, 통치이념, 종교로 인해 식인풍습이 사라졌다고 설명한다.

돼지는 억센 털이 많고 땀샘이 없어 덥고 건조한 기후에 적응하기 힘들고, 인간에게 주는 이익이 매우 적기 때문에 중동지역에서는 돼지고기가 금기시 되었다. - 마빈 해리스

구약성서(the Old Testament)나 코란(Quran)은 돼지고기를 부정한 것으로 취급하여 금기시한다. 성서에서는 먹을 수 있는 동물은 되새김질을 해야 한다고 규정하고 있기 때문이다. 마빈 해리스에 의하면 돼지고기가 금기시 되는 이유는 신의 명령, 사람들의 도덕관념·가치관 때문이 아니라 인간의 생존조건과 관련이 있다. 소·양·염소 등 되새김질을 하는 동물들은 인간이 먹기에 적당하지 않는 섬유소가 많은 식물을 먹기 때문에 인간과 먹이를 두고 경쟁하지 않으며 인간에게 많은 것을 제공한다. 반면에 돼지는 되새김질을 하지 않기 때문에 밀, 옥수수, 감자, 콩과 같은 섬유소가 적은 사료를 먹고 인간과 먹이를 두고 경쟁해야 한다. 먹이가 부족한 유목민의 척박한 토지와 생활환경에서는 돼지를 가축으로 기르는 것은 생존에 불리하며 더구나 억센 털이 많고 땀샘이 없는 돼지는 중동의 덥고 건조한 기후에 적응하기 힘들고, 쟁기를 끌 수도 없으며 젖도 짤 수 없고, 털로 옷감을 짤 수도 없다. 결국 돼지는 되새김질을 하는 동물에 비해 인간에게 주는 이익이 훨씬 적기 때문에 돼지고기를 금기시하게 되었다는 것이다.

3. 인도에서 소를 신성시하는 이유

　인도에서 소는 우유와 노동력을 제공하고 소똥은 땔감, 벽을 바르는데 사용되며 생활에 없어서는 안 되는 존재이다. 문화유물론적 견해에서는 인도에서 소를 신성시하는 이유는 힌두교(Hinduism)의 계율이나 도덕관념, 가치관 때문이 아니라 위와 같은 생존조건과 관련이 있다.

인도에서 소는 농사에 이용되고 우유를 제공하며 소똥은 땔감, 벽을 바르는데 사용되는 필수적 존재다. 인도에서 소를 신성시하는 이유는 이 같은 생존조건과도 관련이 있다.

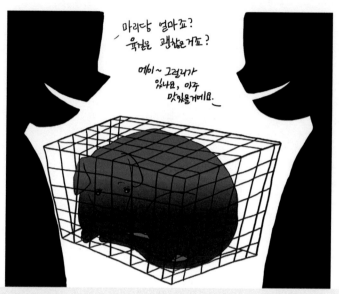

뜨거운 햇볕 아래 노동을 하기 위해서는 단백질 보충이 필요했으나, 가난한 농민들은 소고기나 돼지고기를 먹기 어려웠고, 사료가 부족하여 소, 돼지를 기르기도 힘들었다. 우리의 보신탕 문화에는 고달픈 농민들의 삶의 조건이 배어 있다.

모내기가 끝나고 벼의 성장을 방해하는 잡초를 제거하는 김매기가 시작될 때 한낮의 뜨거운 햇빛 아래에서의 노동은 체력을 많이 소모하게 되므로 체력을 보충할 단백질 공급원이 필요하다.

가난한 소작농(tenant farmer)이 대부분이었던 과거 우리나라 농촌사람들이 쇠고기나 돼지고기를 사 먹기는 어려운 형편이었고, 소는 농사에 필요한 중요한 동물이었으며, 사람 먹을 것도 부족하였기에 돼지를 기른다는 것도 힘든 일이었다. 반면 개는 먹이를 주지 않아도 동네를 돌아다니며 먹을 것을 스스로 찾아 먹었다. 그래서 1년 내내 개를 키웠다가 힘든 노동의 시절에 보신(tonicking)으로 개를 잡아먹는 풍습이 생겨났다. 이처럼 보신탕 문화에는 고달픈 농민들의 물질적 삶의 조건이 배어 있다.

5. 필리핀의 낙태금지문화

피임과 낙태를 금지하는 문화는 인구가 국가 경쟁력인 나라에서 노동력 확보라는 생존조건과 관련지어 생각해볼 수 있다.

필리핀(Philippines)에서는 자녀를 신의 축복으로 여기며 피임(contraception)과 낙태(abortion)를 금기시한다. 그 영향으로 미혼모가 양산되고 아버지 없는 아이들이 열악한 환경에서 자라고 있으며 어린 미혼모는 아이를 부모에게 맡기고 돈벌이에 나서야 한다. 피임과 낙태를 금기시하는 위와 같은 문화에 대하여 관념론적 입장(ideological view)에서는 카톨릭의 교리와 도덕관념의 영향으로 본다. 필리핀은 인구의 약 10%에 해당하는 1000만 명 정도가 해외에서 일하고 있고 이들이 송금하는 외화가 국가 경제의 큰 비중을 차지한다.[1] 문화유물론의 입장에서 본다면 피임과 낙태를 금지하는 문화는 인구가 국가경쟁력인 나라에서 노동력확보라는 생존조건과 관련지어 생각해 볼 수 있다.

---

1) 2011년도 필리핀인 해외 근로자가 본국에 송금한 액수는 201억 달러로 GDP의 14%를 차지하였다.

1. 농업과 목축에 유리한 환경조건

제러드 다이아몬드는 『총·균·쇠(Guns,Germ and Steel)』에서 식량을 생산할 수 있는 자연 환경을 문명격차의 주된 원인으로 설명하고 있다. 즉 식량생산을 하게 되면 정착생활을 할 수 있고, 정착생활은 어린아이들을 데리고 다니는 문제로 고민할 필요가 없으므로 얼마든지 아이를 낳을 수 있게 되어 인구밀도가 높아진다. 인구가 많다는 것은 잠재적인 발명가 수가 많고 경쟁하는 사회의 수, 도입할 수 있는 혁신의 수가 많으며 혁신적인 문물을 도입하고 보존해야 하는 압박감도 크기 때문에 경쟁을 통한 발전의 속도가 빠르다.

정착생활로 식량 생산이 늘어나 잉여식량을 저장하게 되면 식량 생산에 종사하지 않는 기능전문가(왕, 관료, 정복전쟁을 위한 병사)를 먹여 살릴 수 있고 기술발전과 정복전쟁에서 우위에 서게 된다.

또 정착 생활로 가축을 기르게 되면 사람들은 병원균에 상당한 저항력(면역력)이 생겨 생존가능성이 높아지게 된다. 소수의 스페인 정복자들이 가져온 천연두 등의 병원균은 잉카제국을 무너뜨린 결정적 요인이 되었다.

농사를 지으면 식량생산이 늘어나고 인구가 증가하게 되어 경쟁을 통한 발전 속도가 빠르다.

가축사육은 고기를 제공하고 병원균에 대한 저항력을 기를 수 있게 해준다.

2. 확산과 이동속도의 차이

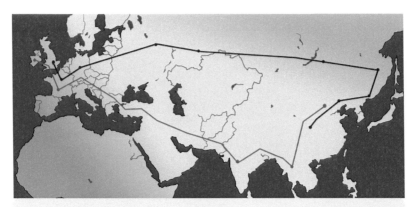

이동에 유리한 환경 조건은 충돌(전쟁) 또는 교류를 촉진시켜 문명발전에 유리하
게 작용하였다.   - 제러드 다이아몬드

    제러드 다이아몬드에 의하면 확산과 이동속도에 영향을 미치는 환경요
인의 차이가 문명 격차를 가져온다. 유라시아에서는 식량 생산과 관련하
여 문자가 만들어졌고 문자는 기술의 발명과 전파를 용이하게 하였으며
동서이동이 유리한 지형조건을 갖추고 있었기 때문에 충돌(전쟁)이 자주
발생하게 되면서 쇠(금속기술과 무기)가 발전하게 되었고 넓은 영토를 차지
하고 다른 민족을 지배할 수 있게 되었다.
    그 밖에 기술혁신과 정치제도는 스스로 발명하는 것보다 다른 사회로
부터 받아들인 것이 훨씬 많은데 확산과 이동의 용이성은 기술혁신과 정
치혁신을 가능케 하여 문명 격차를 초래하게 되었다고 한다.

3. 문명 격차의 발생원인

    제러드 다이아몬드의 『총·균·쇠』에 의하면 어떤 환경은 다른 환경에 비해 더 많은 재료와 발명품을 이용할 수 있는 여건이 유리하고 작물 재배와 가축사육, 재료와 기술발전에 유리한 환경적 조건을 갖고 있다. 그의 이론에 의하면 결국 이러한 지리·환경적 조건이 동일한 능력을 가진 인간들 사이에 물질적 힘(총, 균, 쇠)의 차이를 가져왔으며 따라서 문명 격차의 발생은 인간의 창의력의 차이라기보다 인간으로 하여금 필사적으로 창의력을 발휘하게 하는 지리·환경적 조건에 기인한다.

식량 생산 정착생활	→	(인구증가 경쟁심화)	• 경쟁이 심하여 발전속도가 빠르다. • 기술혁신, 정치혁신으로 발전의 우위를 점한다.
가축사육	→	(병원균 저항력·면역력)	• 병원균을 퍼뜨려 신대륙 원주민들을 죽게 한다.
이동에 유리한 지형조건	→	(잦은 전쟁 금속기술과 무기발달)	• 정복전쟁에서 우위에 서게 된다.

지리적·환경적 조건의 차이는 인간들 사이의 물질적 힘(총, 균, 쇠)의 차이를 가져왔다.
        - 제러드 다이아몬드

제4절 서양의 유목문화와 동양의 농경문화

■ 자연과의 관계
유목생활은 먹을 것이 부족해지면 언제든지 터전을 버리고 떠난다. 이 때문에 서양은 자연을 이용·극복의 대상으로 본다. 그러나 농경 생활은 그 땅을 지키면서 대대로 농사를 짓고 살아야 하기 때문에 자연과의 합일을 추구하며, 자연은 가장 닮고 싶은 이상적 존재이며 숭배의 대상이 된다.

■ 가족제도·사회제도
유목생활은 신속하게 이동할 필요성으로 인하여 힘이 없는 노인과 아이들은 언제든지 버려질 수 있는 상황이었으며 이 때문에 젊은 남녀중심·부부중심의 사회구조의 수평적 윤리를 낳았다. 반면 농경사회는 많은 노동력을 필요로 하였고 노동력을 효율적으로 관리·통제할 필요성으로 인해 경험이 많은 노인을 중시하고 공경하며 가장을 중심으로 하는 사회구조와 수직적·가부장적 윤리가 발달하게 되었다.

■ 내세관·종교관
유목생활에서는 지금 살고 있는 터전이 언제 먹을 것이 떨어질지 모르는 불완전한 곳이며 어딘가에 더이상 옮겨 다니지 않아도 되는 이상적인 유토피아가 있을 것이라는 생각에서 현실보다는 내세를 중시하는 사고방식이 생겨나게 되었다. 반면 농경문화에서는 지금 살고 있는 이 땅이 가장 이상적인 곳이며 농사를 짓고 있는 터전을 떠나 다른 곳으로 옮긴다는 것은 죽음을 의미하기 때문에 현실중시의 사고방식 발달하게 되었다.

유목 생활은 먹을 것이 떨어지면 언제든지 터전을 버리고 떠난다. 지금 있는 곳은 이상적인 곳이 아니며 유토피아를 찾아야 한다.

농경민은 대대로 한 곳에서 농사를 지으며 살아가기 때문에 지금있는 곳이 이상적이 곳이며 터전을 버리고 떠나는 것은 죽음을 의미한다.

제5절 고맥락 사회와 저맥락 사회

1. 고맥락 사회와 저맥락 사회

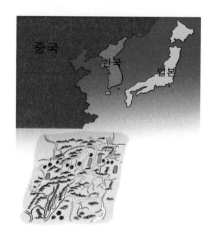

폴리스의 무역으로 다른 문화와 접촉이 빈번했던 그리스 문화에 기원을 두고 있는 서양사회는 개인이 주변에 속박되지 않고 개성을 추구한다.

농경문화와 중앙집권제 국가를 이루었던 동아시아 사회는 개인이 주변의 영향을 많이 받고 집단과의 융화를 중시하며 개성추구에 소극적이다.

인류학자 에드워드 홀(Edward hall)은 의사소통이 생겨나는 물리적·사회적 환경에 따라 사회를 고맥락 사회(high context society)와 저맥락 사회(low context society)로 분류하였다. 이 분류에 따르면 고맥락 사회는 개인이 주변의 영향을 많이 받고 개성추구에 소극적이며 모난 돌이 정 맞는다(A cornered stone meets the mason's chisel)는 속담이 적용되는 사회이고 저맥락 사회는 개인이 자유로운 행위자로서 개성을 추구하며 주변에 속박되지 않는 사회다.

리처드 니스벳(Richard Nisbett)은 저서『생각의 지도(The geography of thought)』에서 생각의 차이가 발생한 원인은 자연환경과 정치형태의 차이에 있다고 보았다. 그에 의하면 농경문화와 중앙집권제 국가를 이루었던 동양사회는 사물을 전체적 맥락(context) 속에서 이해 하는 고맥락 사회이고 폴리스의 무역으로 다른 문화와 접촉이 빈번하였고 민회(comitia)나 원로원(the Senate) 등에 의한 정치가 행해졌던 서양은 개별사물·개인에 초점을 맞추어 파악하는 저맥락 사회다.

2. 리처드 니스벳의 실험결과 ①

　자신에 대한 설명에서 동양인들은 '친구들과 노는 것을 좋아한다, 직장에서 열심히 일한다'는 등 자신이 속한 집단이나 그 안에서의 역할을 언급하고 서양인들은 개인에 초점을 맞추어 '친절하다, 근면하다, 음악을 즐겨 듣는다, 캠핑을 자주 간다' 등의 성격이나 행위 위주로 대답한다. 또 동양인들은 이름을 쓸 때 가족을 나타내는 성姓을 앞에 쓰고 이름을 뒤에 쓰나 서양은 그 반대다. 주소도 동양에서는 나라→지역→동네→집 번지 순으로 쓰고 서양에서는 국가를 맨 나중에 쓴다.

　서양에서는 일인칭 '나'가 고정되어 있으나 동양에서는 일인칭인 '나'는 상대와의 관계에 따라 나, 저, 지분自分(집단에서의 한 부분이라는 뜻. 일본에서 '나'를 일컫는 말)등으로 변한다.

　위와 같은 실험결과는 동양인은 상호의존성을 중요시하고 서양인은 독립성을 중요시하고 있음을 보여준다.

자신을 소개할 때 동양인은 집단에서 자신의 역할을 언급하고 서양인은 자신의 성격이나 행위를 중심으로 언급한다.

소와 닭, 풀이 있을 때 동양인들은 소와 풀을 함께 묶고 서양인들은 소와 닭을 함께 묶는다. 이것은 동양인들은 전체 맥락 속에서 사물을 파악하고 관계를 중시한다는 사실, 서양인들은 주체와 객체로 사물을 구분한다는 사실을 보여준다.

- 리처드 니스벳

풀이 있을 때 동양인들은 소와 풀을 같이 묶는다.
반면 서양인들은 소와 닭을 함께 묶는다.

또 물고기, 물풀, 개구리, 우렁이가 나오는 애니메이션에서 물고기는 비슷하게 기억했으나 가장자리에 있던 물풀, 개구리, 우렁이 등 배경에 대한 기억력은 일본 학생들이 미국 학생들보다 60% 이상 앞섰다.

위와 같은 실험결과에 대하여 리처드 니스벳은 동양인들은 전체 맥락 속에서 사물을 파악하고 상호관계, 전체와의 조화를 중시하는 반면 서양인들은 개별 사물·개인을 분리하여 생각하고 개성과 독립성을 중시하고 있다고 설명한다.

리처드 니스벳은 이러한 차이 역시 전체 맥락 속에서 조화와 상호 의존성을 중시하는 동양인과 주체를 명확히 구분하여 개성과 독립성을 중시하는 서양인의 생각의 지도가 다르기 때문이라고 한다.

4. 생각의 지도가 다르다 ①

　리처드 니스벳의 연구결과에 의하면 논쟁을 할 때 동양인들은 상호관계 속에서 자아를 비판하고 억제하는 경향이 있으며, 논리적 일관성을 무기로 논쟁하는 것은 불쾌감을 일으키거나 미숙한 행동으로 생각한다. 반면 서양인들에게는 논쟁은 제2의 천성이며 서양인들은 자기주장이 강하고 개성이 분명하며 인간관계를 희생해서라도 자기 생각을 분명히 밝히고자 한다. - 이 때문에 서양에서는 논리학(logic)이 발달하였다.

동양인은 논쟁에서 남을 공격하는 것을 실례라고 생각한다. 서양인은 인간관계를 희생해서라도 자기 생각을 분명히 밝히려고 한다.

서양의 법은 과학이고 동양의 법은 예술이다. 서양에서는 승패를 가리는 것을, 동양에서는 합의·절충을 선호한다. - 리처드 니스벳

갈등과 분쟁해결에 있어 동양에서는 판결보다는 타협이나 중재에 의존하는 비율이 높고, 갈등해결의 목적이 승패를 가리는 것이 아니라 쌍방의 적대감 해소에 있기 때문에 종합과 융화(Both/And)를 지향하며 양비론·절충안이 많다.

반면 서양은 시비를 가려 승패를 구분 짓는 일을 당연시하며 논리에 기반한 양자책임(Either/Or)을 선호한다. - 이 때문에 변호사를 선호하는 정도는 미국이 일본의 41배로 나타났다. 이것은 문화를 고려하지 않고 인구대비 변호사 수로 변호사 적정인원수를 계산하는 정책이 얼마나 무지한 일인지를 보여준다.

서양인들은 계약은 한 번 맺어지면 반드시 지켜야 하는 것으로 생각하고 동양에서는 상황이 변하면 계약 내용이 바뀔 수 있다고 생각한다. 이 때문에 리처드 니스벳은 「생각의 지도」에서 동양에서 법은 추상적 보편적 실체가 아니라 각 개인에게 따로 적용되어야 하는 것이며 이 때문에 중국의 법은 과학이 아니라 예술이 된다고 하였다.

동양인은 관계 속에서 사물을 파악하기 때문에 동사를 많이 사용하고 서양인은 주제를 중심으로 생각하기 때문에 명사를 많이 사용한다. - 리처드 니스벳

리처드 니스벳의 연구결과에 의하면 동양인들은 관계와 맥락 속에서 사물을 파악하기 때문에 그 관계를 주로 동사로 표시하고 서양인들은 행위자·사물을 중시하기 때문에 주로 명사로 표현한다. 예컨대 상대방이 차를 마시고 있을 때 동양인들은 관계를 형성하는 동사(마신다, drink)에 중점을 두어 더 마실래(drink more?)라고 물어보고 서양인들은 사물인 명사(차,tea)에 중점을 두어 more tea?라고 물어본다고 한다.

 - 이 때문에 동양의 아이들은 동사를 빨리 배우고 서양의 아이들은 명사를 빨리 배운다.

범죄가 발생하면 동양인은 '지나친 경쟁사회, 학력압박, 총기 구입이 용이한 사정' 등 상황을 탓하고 서양인은 '정서불안, 폭력적 성향, 게임중독, 무술에 심취했다'는 등 범인의 개인적인 속성 탓으로 생각한다.

리처드 니스벳이 「생각의 지도」에서 밝힌 연구결과에 의하면 하루 일과를 말할 때 미국 아이들은 자신에 관한 이야기를 중국 아이들보다 3배 정도 많이 하고 자기에게 중요했던 몇 가지 일만 천천히 얘기하며 중국 아이들은 그날 있었던 많은 사소한 사건을 간단명료하게 기술한다. 또 미국 아이들은 자신의 생각이나 감정을 자주 언급하나 중국 아이들은 거의 그런 모습을 드러내지 않는다.

범죄의 원인에 대하여 동양인은 상황을 중시하고 서양인은 개인적인 속성을 중시한다. - 리처드 니스벳

8. 생각의 지도가 다르다 ⑤

　동양에서는 침술이 발달하였고 서양에서는 수술이 발달하였다. 동양에서는 귀와 다른 장기들이 복잡하게 연결되어 있고 몸의 각 기관 사이에 상호관련성이 있다고 믿기 때문이고 서양에서는 신체의 각 부분을 분리해서 그 부위를 도려내어 문제점을 제거하면 된다고 생각하기 때문이다.

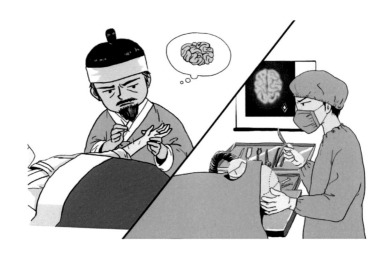

　동양의 침술은 몸의 각 기관 사이의 상호관련성을 고려한 시술이고 서양의 수술은 신체의 각 부분을 분리하여 그 부위를 도려내어 문제점을 제거하는 시술이다.

동양인은 아이가 저지른 잘못에 대해 경위가 어떻든 부모가 잘못했다고 사과를 한다. 그러나 서양인은 자신이 통제할 수 없었던 사건에 대해서는 사과하지 않는다. - 리처드 니스벳

리처드 니스벳의 연구결과에 의하면 피해가 발생하였을 때 관계와 맥락 속에서 사건을 파악하는 동양에서는 인과관계가 애매하고 복잡하기 때문에 가해자가 일단 사과를 한다. 그러나 서양에서는 자신이 통제할 수 없었던 사건에 대해서는 사과하지 않는다.

물건을 살 때 동양에서는 한 가지 면에서 뛰어나지 않아도 모든 기능을 골고루 갖춘 것을 선택하고 서양에서는 한 가지 기능이 뛰어난 것, 희귀한 것, 독특한 것을 선택한다. 리처드 니스벳은 이는 절충안, 타협안, 중용을 선호하는 동양인과 선택을 정당화할 분명한 원칙이 있어야 하고 중간치를 회피하는 서양인의 사고방식의 차이에서 기인한다고 주장하였다.

10. 생각의 지도가 다르다 ⑦

　광고를 할 때 서양에서는 개인의 선호를 자극하거나 제품 구입으로 인한 개인의 혜택을 강조하는 반면, 동양에서는 집단의 선호를 자극하거나 집단이 받게 될 혜택을 강조한다. 또 서양에서는 자연을 등장시키는 광고의 효과가 작고 동양에서는 그 효과가 크다.

　자기소개서를 쓸 때 서양에서는 자신의 장점을 부각시키고 동양에서는 자신이 얼마나 부족한 사람인지를 쓴다. 리처드 니스벳은 이러한 차이 역시 주체와 객체를 구분하여 파악하고 독립성을 중시하는 서양인, 전체 맥락 속에서 파악하고 조화와 상호의존성을 중시하는 동양인의 생각의 차이에서 기인한다고 주장하였다.

　동양에서는 관계를 중시하기 때문에 광고에서 집단의 선호를 중시하고 자기소개서를 쓸 때도 자신이 얼마나 부족한 사람인지를 쓴다. 반면 서양에서는 광고에서 개인의 선호를 강조하고 자기소개서에는 자신의 강점을 부각시킨다.

동양인은 관계를 중심으로 사고하기 때문에 가까운 사이에서는 무리한 요구도 할 수 있다고 생각한다. 반면 서양인은 사회적 상황에서 인간을 분리시켜 생각하기 때문에 응석을 부리거나 무리한 요구는 잘 하지 않는다.

서양에서는 응석을 부리거나 무리한 요구를 하는 경우가 거의 없으나 동양에서는 가까운 관계에서는 이것이 가능하다고 여긴다.

동양인들은 당연히 해야 할 일에 대해서 고맙다는 말을 하지 않으나 서양인들은 고맙다고 말한다. 이는 인간관계가 사회적 맥락(social contexts) 속에서 자신이 마땅히 해야 할 일을 하는 것이라는 동양의 사고방식, 사회적 상황에서 인간을 분리시켜 생각하는 서양의 사고방식의 차이에서 기인한다.

교육에서 동양인들은 자기반성, 자기비판을 통한 자기 수양, 자기 향상을 도모하고 자녀를 항상 가까이에 두며 자녀에게 좋은 것은 부모가 잘 안다고 생각하여 부모가 결정하려 한다. 반면 서양에서는 자녀에게 자존감을 심어주고 특별한 존재가 되라고 가르치며 태어나면서부터 다른 침대에 재우고 스스로 선택하고 결정하도록 한다.

리처드 니스벳은 이러한 차이 역시 전체 맥락 속에서 조화와 상호의존성을 중시하는 동양인과, 주체를 명확히 구분하여 개성과 독립성을 중시하는 서양인의 생각의 지도가 다르기 때문이라고 한다.

12. 문화가 사고방식을 지배한다

인간의 사고과정은 자신이 속한 문화권의 사고에서 벗어나기 어렵다. 인간의 사고를 지배하는 것은 유전자가 아니라 문화다.
　　　　　　　　　　　　　　　　　　　　　　　- 리처드 니스벳

　리처드 니스벳은 도마뱀의 알이 33℃ 이상에서는 대부분 수컷이 되고, 30℃ 이하에서는 거의 암컷이 되는 것처럼 사람도 자신이 속한 문화권의 사고에서 벗어나기 어렵다고 한다. 리처드 니스벳은 인간의 사고과정은 그가 속한 문화권에 따라 달라질 수 있으며 문화의 차이는 세상을 이해하는데 쓰이는 생각의 도구가 다르기 때문에 비롯된 불가피한 결과라고 한다. 그에 의하면 결국 인간의 사고방식을 지배하는 것은 유전자(gene)가 아니라 문화다. 리처드 니스벳(Richard Nisbett)은 차이를 인정하고 장점을 서로 수용하여 동서양의 특성이 공존하는 문화형태를 만들어 갈 것이라고 전망한다.

제6절 문화상대주의
1. 문화상대주의의 의의

문화상대주의는 문화를 이해할 때 그 사회의 특수한 환경과 전통, 역사적 맥락 속에서 그 문화를 이해하고자 하며 세계에 존재하는 다양한 문화와 행동양식을 이해하려고 애쓰고 문화의 차이로 우위를 논할 수 없다는 중립적 태도를 말한다.

특정 문화권의 사람들이 자신의 행동을 결정하는 데는 복잡다단한 배경이 있다. 각 문명은 고유한 특성과 정당성을 지니고 있으며 우리는 여러 문명을 통해 눈에 보이지 않는 치수의 차이를 이해함으로써 의사소통을 원활히 할 수 있고 삶의 다양한 측면을 배울 수 있다.

다른 문화는 우리가 알지 못하는 다양성, 인간의 무한한 가능성을 알려준다. 문화상대주의는 고정관념, 편견을 깨우치게 하고 다른 문화, 다른 사람들을 열린 마음으로 대할 수 있게 한다.

문화 상대주의는 문화를 이해할 때 그 사회의 특수한 환경과 전통, 역사적 맥락 속에서 이해하고자 한다.

39

2. 여러 나라의 특수한 문화 ①

이슬람 국가들에서는 부족 간의 잦은 전쟁으로 인한 미망인들에 대한 경제적 지원의 필요성으로 인하여 일부다처제 문화가 발달하였다.

티베트 지역의 인도 토다(Toda)족은 형제들이 한 명의 여성과 결혼하여 부인을 공유하는 일처다부제의 관습이 있다. 이는 혼인으로 인한 재산의 분할을 막고 노동력이 분산되는 것을 막고자 하는 필요성에서 유래된 것이다.

에스키모의 영아살해는 가족의 생존을 보장하기 위해 극단적 조치가 불가피한 경우에 행해졌다.

잦은 전쟁으로 인한 남성의 부족, 생산가능인구 확보를 위한 필요성 등 인간의 생존조건은 일부다처제, 일처다부제 등 결혼문화의 차이를 가져왔다.

티벳의 장례문화는 시체가 썩지 않는 자연환경, 시신을 독수리가 먹어서 승천시켜준다는 그들의 신앙과 관련이 있다.

티베트의 장례문화는 시신을 토막 내어 새들에게 던져 주는 것으로 이를 천장天葬 또는 조장鳥葬이라고 한다. 이것은 시신을 신성한 독수리가 먹어서 승천하게 해 준다고 믿는 티베트 사람들의 종교관, 윤회 사상, 땔나무와 물이 없고 시체가 잘 썩지 않는 건조한 환경과 관련이 있다.

원시 부족은 죽은 이를 기억하고 죽은 자의 덕을 취하거나 능력을 나누어 갖기 위해 또는 세력을 약화시키려는 목적으로 죽은 자의 신체 일부를 섭취하였다. 인류학자 레비스트로스(Claude Levi Strauss)는 육신의 부활을 믿거나 해부학 실습을 하는 불결함이 이러한 식인풍습에 비하여 더 낫다고 볼 수 없다고 하였다.

4. 문화와 윤리

문화의 차이를 인정한다 하더라도 인간을 제물로 바치는 행위는 인간을 인간으로서 존중하지 않는 것이므로 용납되기 어렵다.

　다른 문화를 존중한다는 것은 차이성을 인정하고 그 차이를 존중한다는 것이지 모든 가치 판단을 중지하고 윤리적 판단을 유보한다는(윤리상대주의, 가치무정부주의) 입장을 취한다는 것은 아니다.

　나치의 인종청소, 일본의 생체실험, 북한의 세습독재, 명예살인[1], 할례[2], 인신공희[3], 순장, 뉴기니의 시간屍姦풍습, 호주 원주민의 아기를 먹는 풍습 등 인간을 인간으로서 존중하지 않는 행위는 용납되기 어렵다.

　따라서 문화에 대한 우열은 없다 하더라도 윤리적 측면에서 문화에 대한 가치평가는 가능하며 존재하는 모든 것은 유용하다는 식의 극단적 태도는 지양하여야 한다.

---

1) 명예살인名譽殺人 : 가문의 명예를 훼손시켰다는 이유로 가족 구성원을 죽이는 관습으로 주로 이슬람권에서 행해진다.
2) 할례割禮 : 악을 정화한다는 명분으로 성감을 감퇴시키기 위해 남녀의 성기 일부를 절개하는 의례
3) 인신공희人身供犧 : 사람의 몸을 신적 존재에게 제물로 바치는 의식

  서양인의 기준에서는 카스트제도를 억압적 계급구조로 본다.

  그러나 『슬픈 열대(Tristes Tropoques)』의 저자이며 문화상대주의자인 레비스트로스는 카스트제도를 단순히 억압적 계급구조로 보아서는 안 된다고 하였다.

  그에 의하면 인도의 하층민들은 평등한 인간관계가 동정을 받는데 장애물이 되기 때문에 평등한 인간관계를 부정하고 자신을 노예로 여겨주기를 바라면서 값싼 동정을 보장받아 생존을 연명해 나가기 위해 스스로를 격하시키며 살아간다는 것이다.

  그러나 위와 같은 카스트제도의 합리적 측면이 있다 하더라도 그것은 부분적 타당성만을 제공할 뿐이다. 힌두경전 『마누법전(Code of Manu)』은 수드라와 불가촉천민은 개와 당나귀이기에 재산을 갖지 못하며 교육을 받을 수 없다고 정하고 불가촉천민은 침이 땅을 더럽힌다고 목에 그릇을 달고 다니게 하였고 더러운 발자국을 지우기 위해 엉덩이에 빗자루를 매달고 다니도록 강요하였다.

  따라서 카스트제도는 인간 존중의 정신과 인류 보편의 가치에 어긋나는 심각한 억압적 계급구조로 볼 수 있다.

카스트제도에서는 피부색, 직업에 따라 신분을 4개의 카스트로 나누고 그 안에 다시 수많은 하위 카스트가 있으며 닿기만 해도 부정을 탄다는 불가촉천민은 카스트 밖에 있다. 카스트제도는 아리안족이 인도를 정복한 후 소수집단인 그들의 지배를 합리화하기 위한 목적으로 생성된 것인데 1974년 법적으로 폐지되었으나 아직도 인도인들의 일상생활에 큰 영향을 미치고 있다. 힌두교의 업과 윤회 사상에 의하면 죽어서 환생하지 않는 한 이승에서는 카스트의 굴레를 벗어날 수 없다.

제7절 문명과 야만

1. 자기중심적 사고

자기가 벗으면 문명이고 다른 문화권의 사람이 벗으면 야만이다. 문명과 야만이라는 표현은 자기중심적 사고에 기인한다.

    아마존 강 지역의 자파테크 족은 옷을 입으면 덥고 습한 날씨 때문에 피부병이 생긴다. 그들의 나체문화는 스페인 사람들의 옷을 입는 문화와 마찬가지로 환경에 적응한 결과물이다.

    사람들은 자기에게 익숙한 삶의 방식을 문명이라고 하고 낯선 것을 야만이라고 한다. 문명과 야만이라는 표현은 자기중심적 사고, 자문화(자민족) 중심주의(ethnocentrism)에서 나온 것이며 나체를 미개하다고 여기는 것은 다른 문화에 대한 폭력이다. 따라서 자기중심적 사고에서 벗어나 나의 문명이 상대적이고 완벽하지 않다는 것을 인정하고 타문화에 대한 올바른 이해를 통해 타자에 대한 선입견과 편견, 적대감을 해체하고 타자와의 참된 만남과 공존을 위한 노력이 필요하다.

    우물 안 개구리에게 바다를, 여름 벌레에게 얼음을 이야기해도 통하지 않는 것은 자신이 살고 있는 장소와 때에 얽매어 있기 때문이다.

장자

    도의 관점에서 보면 모든 존재는 귀천이 없으나 개별적 존재의 관점에서 보면 자기는 귀하고 남은 천하다.

장자

2. 과학과 미신, 주술

현대사회에서 미신으로 취급하고 있는 각국의 전통문화에는 생명을 존중하고 자연을 보호하는 정신이 깃들어 있으며 합리성과 과학성을 갖추고 있는 예가 많다.

라다크인들은 땅 위의 모든 생명체에 대하여 고마움을 느끼고 있었으며 자연생태를 위해 제사를 지내야 한다고 생각하였다. 그들은 현대인들이 미신이라고 명한 문화를 통해 자연을 보호하는 법을 지켜나가고 있었다.

헬레나 노르베리 호지『오래된 미래』

인류학자 레비스트로스(Claude Levi Strauss)는 과학을 맹신하고 자신들이 생각하는 범주에서 벗어나는 것들을 주술이나 미신이라고 생각하는 서구의 이분법적 사고가 야만이며, 자연을 존중하고 자멸을 초래하지 않는다는 점, 지나친 경쟁이나 욕심 없이 이웃이나 조상들에게 예의를 차리는 모습을 보면 대량학살, 전쟁, 파시즘 등을 야기한 서구인들보다 아마존에 사는 인디언들이 더 우수하다고 하였다.

전통문화를 귀신 등 초월적 존재와 관련지어 미신에 불과하다고 단정 짓는 것은 어리석은 일이다.

우리나라에서는 신생아가 태어났을 때 문간에 새끼줄을 둘렀다. 이것은 새 생명이 태어난 곳에 함부로 드나들거나 떠들썩한 행위를 하지 못하게 함으로써 산모와 아이를 보호하려는 배려였으며 방역의 의미도 있었다.

3. 문명, 기술발전과 문화적 우열

아우슈비츠 수용소의 유대인 강제 수용과 인종학살은 그 당시 기술과 문명이 가장 발달한 독일에서 자행되었다. 문명과 기술발전은 인간 정신의 발전과 일치하지 않으며 그것을 문화적 우수성의 척도로 볼 수는 없다.

기술은 경제 발전의 원동력이며 삶을 건강하고 풍요롭게 하여 인류의 복지와 문화발전에 기여한다. 그러나 유대인 학살이 그 당시 가장 기술과 문명이 발달한 독일에서 자행된 것처럼 문명과 기술 발전은 윤리적 발전, 인간 정신의 발전과 일치하지 않으며 그것이 오히려 불평등, 탐욕, 폭력, 이기심을 증대시키기도 한다.

문명과 기술 발전이 문화적 우수성을 의미한다는 주장은 강대국이 기술이 덜 발달한 국가를 문명화한다는 구실로 침략하고 지배를 정당화한 논리로 활용되었다.

사람들은 선진국의 척도로 경제력, 기술 수준, 의료시설, 문맹, 평균수명, 복지 등 가시적 지표를 열거한다. 그러나 사람들을 차별하고 편 가르는 일이 없는가, 자연환경과의 조화와 균형 속에 살아가는가, 경쟁보다 협력이 사회의 토대가 되는가, 삶의 기쁨과 평화, 만족감을 느끼며 살아가고 있는가? 등 수량화할 수 없는 중요한 요소들을 고려한다면 문명과 기술 발전이 문화적 우수성의 척도가 된다는 주장은 극히 제한적 시각에 불과하며 착각에 지나지 않는다.

제8절 깨끗함과 더러움
1. 깨끗함과 더러움은 상대적이다

　사람들은 침을 더럽다고 하지만 맛있는 음식을 보고 침이 고이거나 키스를 할 때는 침이 더럽다고 하지 않는다.

　침은 입속에 있을 때는 소화를 돕고 세균을 죽이는 깨끗한 것이지만 몸 밖에 있을 때는 더럽게 여겨지며 썩어가는 더러운 상처 부위는 파리에게는 알을 낳을 수 있는 더없이 아름다운 곳이다.

　영국의 문화 인류학자 매리 더글러스(Mary Douglas)는 그의 저서 『순수와 위험(Purity and Danger)』에서 우리의 믿음, 분류체계를 기준으로 혼란시키는 관념 또는 장소에 맞지 않는 사물이 있을 때 예컨대 신발이 식탁에 있거나 음식이 욕실에 있을 때 더럽다고 한다고 하였다.

　아름다운 비단은 누에의 배설물에 지나지 않고 똥도 쇠똥구리에게는 일터이자 쉼터이며 파리에게는 알을 낳을 수 있는 아늑한 곳이다. 또 동물의 배설물은 농작물의 영양분이 되는 고마운 존재다.

　깨끗함과 더러움은 상황과 문맥이 만들어내는 상대적 개념이며 그 경계는 유동적이다.

키스할 때의 침은 달콤하고 병에 묻은 침은 더럽다. 깨끗함과 더러움은 상황과 문맥에 따라 달라진다.

으아아!
입대고 마셔 말라고!
님들어가!

47

2. 성스러움과 속됨, 순수와 불순

오른쪽은 행운과 생명력, 왼쪽은 죽음과 불행으로 여기는 문화도 있다. 성과 속, 순수와 불순은 역사적·문화적인 것이다.

성과 속, 순수와 불순은 역사적·문화적인 것이다. 터부개념은 성스러움 (sanctity)과 불순(impurity)의 대립적 요소로 되어있다. 이와같이 성스러움 은 원래 불순과 하나였으나 역사적 개념 진화의 과정에서 분리되면서 성 과 속, 순수와 불순의 구분이 자리하게 되었다.

깨끗함이라는 관념에는 문화적 편견도 서려 있다. 고대 사람들은 오른 쪽은 행운과 생명력, 왼쪽은 죽음과 불행을 뜻하는 것으로 여겨 왼손을 잘 쓰는 사람을 사악하고 악마적이라고 생각하였고 중세 기독교 시대에 는 비기독교적인 민족·신앙·행동이 더러움과 질병의 원천이었으며, 오늘 날도 가난을 더러운 것과 가까운 것으로 인식한다.

3. 더러운 것, 불순한 것은 배제되어야 하는가?

영국의 인류학자 매리 더글러스(Mary Douglas)는 사회는 문화의 분류체계로 설명되지 않는 것들(비정상, 일탈, 예외, 변칙현상 등)을 질서와 체계를 위협하는 불순물로 간주하여 회피·통제하고 낙인찍기를 통하여 질서체계를 강화하였고 사회 구성원들로 하여금 질서에 순응하는 존재가 되게 하였다고 주장하였다.

매리 더글러스는 불순한 것으로 낙인찍혀 배제되는 것이 갖는 질서창조의 힘에 주목하여야 한다고 주장하였다.

- 잘려나간 잡초는 퇴비가 되어 정원의 질서에 기여한다.
- 질서의식이 쓰레기통을 만드는 것이 아니라 쓰레기통이 질서의식을 만든다.

동물의 배설물은 농작물의 영양분이 되고 세균은 된장, 간장, 김치, 치즈, 포도주, 요구르트, 페니실린을 만드는 데 필요한 고마운 존재다.

깨끗함은 관계의 단절을 초래하기도 한다. - 예컨대 더럽다고 악수를 하지 않거나 외부 접촉을 삼가는 것은 단절을 가져온다.

완전무결한 깨끗함을 추구할 것이 아니라 우주의 모든 생명체가 다른 생명과의 소통과 타협의 산물임을 인식하고 공존과 균형을 유지하려는 자세가 필요하다.

잘려나간 잡초는 퇴비가 되고 동물의 배설물은 농작물의 영양분이 된다. 매리 더글러스는 불순한 것으로 낙인 찍혀 배제되는 것이 갖는 질서 창조의 힘에 주목하여야 한다고 하였다.

제9절 오리엔탈리즘

1. 오리엔탈리즘의 의의

오리엔탈리즘은 서양과 동양을 나누는 상상 속의 또는 지리상의 구분선이 의도적으로 그어져 수세기동안 존속되어 온 것으로서 편견, 왜곡, 환상의 산물이다.

　오리엔탈리즘(orientalism)은 원래 동양을 연구하는 학문, 동양에 대한 관심과 이국적 취향 등을 나타내는 말이었으나 에드워드 사이드에 의해 오리엔탈리즘은 서양이 동양을 바라볼 때 갖는 선입견, 편견의 의미로 사용되었다. 에드워드 사이드에 의하면 오리엔탈리즘은 동양과 서양을 나누는 상상 속의 또는 지리상의 구분선이 의도적으로 그어지고 그것이 수세기에 걸쳐 존속되어온 것으로서, 편견, 왜곡, 환상의 산물이자 허상이다.

　　모든 유럽인은 동양에 대하여 말할 수 있는 것에 대하여 필연적으로 인종차별주의자이고, 제국주의자이며, 거의 전면적으로 자민족 중심주의자였다고 해도 무방하다.

　　　　　　　　　　　　　　에드워드 사이드『오리엔탈리즘』

　오리엔탈리즘은 서양인을 중심으로 비 서구사회의 주민과 문화와 가치를 부정하고 그들을 이질시하고 타자화한 것이다. 이것은 동양인의 타율성, 소극성, 무력함과 무능을 강조함으로써 남의 도움 없이는 살아갈 수 없는 힘없고 불쌍한 존재로 보아 그들을 교화, 설교, 가르침, 원조의 대상으로 삼아야 한다는 침략자의 본능에 지나지 않는다.

2. 정치적 도그마로서의 오리엔탈리즘

에드워드 사이드에 의하면 오리엔탈리즘은 동양이 서양보다 약했기 때문에 동양을 억누른, 본질적으로 정치적인 교의이고 그것은 동양이 갖는 이질성을 그 약함에 관련시켜 무시하고자 하는 것이었다. 그것은 서양의 학문, 서양인의 의식, 동양을 제국주의 지배의 대상으로 집어넣는 일련의 총체적인 힘의 조합에 의해 오랫동안 누적되어 틀이 잡힌 표상의 체계로서 동양을 지배하고 종속시키기 위한 암묵적 계획이다.

이러한 편견과 착각이 진리로 공인받을 수 있었다는 것은 제국주의 권력이다. 문화적 헤게모니를 장악하여 그것이 제국에 대한 자발적 복종으로 이어질 때 통치비용을 절감할 수 있기 때문이다. 오리엔탈리즘은 제국의 문화적 헤게모니를 구성하는 주요 축으로서 지식권력의 메커니즘을 통해 자연스럽게 침투하여 제국의 지배를 원활하게 해 준다.

서양인들은 미개한 동양을 식민지화하는 것이 동양을 위하는 길이며 백인의 즐거운 사명이라고 하여 착취를 정당화하였다.

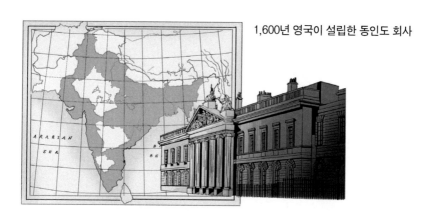

1,600년 영국이 설립한 동인도 회사

서양인들은 미개한 동양을 식민지화하는 것이 동양을 위하는 길이며 백인의 즐거운 사명이라고 하여 착취와 식민지배를 정당화하였다.

3. 오리엔탈리즘과 남성우월주의

　오리엔탈리즘에서 나타난 서양과 동양에 대한 인식을 남녀 관계에 적용하면 남자(서양인)는 합리적, 이성적, 진취적이고 여성(동양인)은 어리석고 관능적이고 순종해야 하는 존재가 된다. 에드워드 사이드에 의하면 오리엔탈리즘은 남성적 세계 개념을 촉진하고 남성우월주의, 성차별주의를 부추긴다.

오리엔탈리즘을 남녀관계에 적용하면 남성우월주의, 성차별주의가 된다.

4. 복제 오리엔탈리즘

이주 외국인 노동자들을 비하하는 우리의 태도는 서양의 동양에 대한 인식(오리엔탈리즘)을 받아들이고 내면화하여 그들을 무시하고 가르침, 원조의 대상으로 삼는 복제 오리엔탈리즘이다.

아시아에서 서양에 맞설 나라는 일본뿐이고 일본인의 피로 아시아를 지켰으므로 다른 아시아 국가들은 일본에 고마워해야 한다는 일부 일본인들의 시각, 동남아에서 이주해 온 외국인들을 비하하는 우리의 태도는 오리엔트 안에서의 또 다른 오리엔탈리즘이다.

서양의 동양에 대한 인식을 내면화하여 서양은 배우고 익혀야 하는 모델이고 제3세계 사람들은 소극적, 후진적, 게으르고 무능한 존재로서 교화, 가르침, 선교, 원조의 대상으로 보는 이러한 태도는 서양의 무분별한 담론을 비판 없이 받아들이고 우리 스스로 타자의 시선으로 자신을 바라본 잘못에서 비롯되는 것이며 이러한 태도는 동양이 구성한 동양이라는 복제 오리엔탈리즘으로서 이중의 동양화라는 지적을 받는다.

5. 오리엔탈리즘에 대한 비판

오리엔탈리즘의 사고 역시 다른 문화를 자신의 관점에서 재단하는 폐쇄성을 보여주고 있으며 다양한 문화의 흐름을 반영하지 못하고 있다.

에드워드 사이드는 피해의식에서 동양은 피해자, 서양은 가해자, 지배자라는 점을 부각시켜 서구의 문제점만을 지적한다. 서양이 동양에 대하여 일방적인 공격만을 가한 것은 아니고 아랍권의 테러행위가 서구인들의 외국인 혐오를 조장시킨 면도 있다.

오리엔탈리즘은 서구의 제국주의적 공세에 대한 비유럽인의 저항을 적절히 제시하지 못하였다.

에드워드 사이드는 르네상스 이후의 영국·프랑스, 미국과 이슬람 문화권의 관계만을 한정적으로 다루고 있기 때문에 동양과 서양이 서로 주고받는 영향을 제대로 분석하는 태도가 필요하다.

오리엔탈리즘의 사고 역시 이분법적 사고로서 다른 문화를 자신의 관점에서 재단하는 폐쇄성을 보여주고 있으며 제3세계 등 다양한 문화의 흐름을 반영하지 못하고 있다는 비판을 받고 있다.

6. 옥시덴탈리즘

   옥시덴탈리즘은 오리엔탈리즘과는 반대로 동양이 서양에 대하여 가지고 있는 이미지를 의미한다. 동양의 관점에서 서양에 대하여 가지고 있는 이미지는 비인간적, 물질주의적이고 천박하고 퇴폐적이며 반면 동양인은 인간적이고 고상하며 정신적이다. 이는 동양에 의해 날조된 서양이며 이러한 사고 역시 오리엔탈리즘과 마찬가지로 왜곡된 부분이 있다.

서양인은 비인간적, 물질주의적이고 천박하고 퇴폐적이라는 이미지 역시 동양에 의해 날조된 서양이며 이러한 사고 역시 오리엔탈리즘과 마찬가지로 왜곡된 부분이 있다.

제10절 노마디즘

1. 노마디즘의 의의

노마디즘(유목주의, nomadism)은 이동, 떠도는 인간, 문명의 언저리를 떠도는 주변적 존재 등을 연상시키는 말이었으나 들뢰즈(G. Deleuze)는『차이와 반복(difference and repetition)』에서 노마디즘을 기존의 방식을 부정하고 새로운 것을 창조해내는 방식이라고 함으로써 한 곳에 안주하지 않고 끊임없이 새로운 영역을 찾아다니는 탈영토화(deterritorialization)의 에너지를 철학적으로 표현하였다.

노마디즘(유목주의)은 현대사회의 문화현상을 설명하는 말로써 제한된 삶이나 고정된 가치관 속에서 살아가는 것을 거부하고 영토와 경계를 자유롭게 넘나들며 새로운 것을 창조해 나가는 삶의 방식을 뜻한다.

노마디즘은 한 곳에 안주하지 못하고 떠돌아다니는 사람들의 생활방식을 일컫는 말이었으나 오늘날은 제한된 영역이나 고정된 가치관 속에서 살아가는 것을 거부하고 영토와 경계를 자유롭게 넘나들며 새로운 것을 창조해나가는 현대사회의 문화 현상을 가리킨다.

정보화 시대의 인간은 국경을 이동하며 일하는 디지털 유목민, 비즈니스 집시라고 할 수 있다.

정보화 시대의 인간은 휴대폰, 노트북 컴퓨터(laptop) 등 다양한 정보통신기술을 활용하여 재택근무, 이동 중 업무처리가 가능하고 서로 다른 지역에서 동시에 업무를 진행하는 것이 가능하다.

국경을 이동하며 언제든지 네트워크 시스템과 접속할 수 있는 현대의 인류는 디지털 유목민(digital nomad), 비즈니스 집시(business gypsy)이며 떠도는 인간(호모 비아토르, Homo Viator)이다.

3. 보보스

보헤미안(Bohemian)은 생존을 위해 떠돌아다니는 집시(gypsy)와는 달리 자발적으로 유목과 이동을 택한 사람들로서 예술을 좋아하고 기존의 가치관에 얽매이지 않는 자유분방한 기질(Bohemianism)을 가지고 있다. 보보스(Bobos)는 보헤미안(Bohemian)과 부르주아(bourgeosi)의 합성어로서 사회적 성공·부·명예에 집착하지 않고 자유를 누리며 여유 있는 삶을 향유하고자 한다. 이러한 경향은 전문직이나 자유업종에 종사하는 사람들에게서 많이 볼 수 있다.

보보스는 사회적 성공, 부, 명예에 집착하지 않고 자유를 누리며 여유있는 삶을 향유하고자 하는 사람들을 말한다.

4. 몽골제국이 대제국을 수립할 수 있었던 이유

한 곳에 안주하지 않고 끊임없이 빠르게 이동하는 몽골인들의 기동성, 탈영토화
습성, 다른 지역의 문화와 전통을 쉽게 수용하는 개방성은 세계 대제국을 이룩하
는 원동력이 되었다.

몽골 유목민들의 전통과 문화는 한 곳에 안주하지 않고 끊임없이 바쁘
게 이동한다(기동성).

몽골인들(Mongolians)은 정복지역을 지배하는 데 만족 하지 않고 또 다른
목적지를 향해 계속 이동하였다(탈영토화,deterritorialization).

몽골인들은 자신들의 문화적 전통이 강력하지 않았기에 그들의 사고방
식이나 문화, 가치관을 심하게 강요하지 않았고 다른 지역의 문화와 전통
을 수용하여 다양한 전통과 문화와 공존·교류할 수 있게 하였다(개방성).

5. 유목민과 정착민

유목민들은 동·서양을 넘나들며 동떨어진 두 세계를 연결하여 교류와 교역을 가능케 하였고 이동을 통하여 길이 없는 곳에 길을 만들고(예: 실크로드) 불모의 땅에 생기를 불어 넣음으로써 문명 발전에 기여하였다.

정착민들은 생존을 위해 자신의 영토와 문화를 수호하려고 하는데 비해 유목민들은 영토와 경계를 자유롭게 넘나들며 제한된 삶이나 고정된 가치관 속에서 살아가는 것을 거부한다.

자크 아탈리(Jacques Atali)는 저서 『호모 노마드(Homo nomad)』에서 역사의 혁명적인 발전은 길들여진 동물처럼 현실에 안주하는 마음가짐을 가진 정착민에 의해서가 아니라 변화와 불안정 속에서 항상 새로운 가능성에 도전하는 노마드에 의하여 이루어졌다고 주장하였다.

들뢰즈(G.Deleuze)는 정착민(settler)의 삶을 장기[1]에, 유목민(nomad)의 삶을 바둑[2]에 비유하였다.

유목민들은 영토와 경계를 자유롭게 넘나들며 제한된 영역이나 고정된 가치관 속에서 살아가는 것을 거부한다.

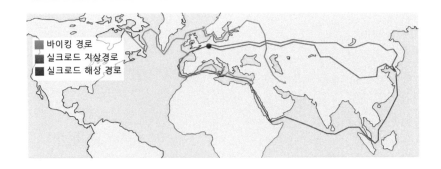

바이킹 경로
실크로드 지상경로
실크로드 해상경로

[1] 장기의 말들은 미리 주어진 역할만을 해야 하고 정해진 길만 갈 수 있다.
[2] 바둑돌은 규정된 역할이 없이 상황에 따라 공격수, 수비수, 스파이, 제물의 역할을 하면서 어울려 세력을 형성하기도 하고 남의 집에 쳐들어가서 집을 짓기도 한다.

6. 노마디즘의 현대적 가치

과거 유목민들은 한 곳에 정착하지 못하고 문명의 언저리를 떠도는 야만인, 주변인 정도로 인식되었다. 그러나 유목적 삶은 제한되어 있는 정착민의 삶을 거부하고 기존의 가치관에 얽매이는 것을 싫어하며 상황과 맥락에 따라 대처하고 새로운 길을 열어나간다.

변화무쌍한 오늘날의 경제 상황에서 과거의 고정관념에 얽매이는 것은 뒤처질 수밖에 없다. 노마드의 자유로우면서도 도전적으로 사유하는 정신, 창조 정신, 기동성, 열린 마음 등은 다양성이 존중되고 창의성이 요구되는 오늘날의 상황에 적응하는 데 적합하다.

환경변화와 경제위기, 세계화 시대의 국경 없는 전쟁에 능동적으로 대처하기 위해서는 나눔과 소통, 상황 적응력이 요구된다. 이 때문에 노마디즘이 주목받게 되었다.

제한된 삶과 기존의 가치관에 얽매이는 것을 거부하고 상황과 맥락에 따라 대처하고 새로운 길을 열어나가는 노마드의 도전정신, 창조 정신, 기동성, 열린 마음은 급격한 환경변화와 경제위기에 대처해 나가야 하는 오늘날의 상황에서도 요구된다.

7. 노마디즘을 강조함으로써 간과할 수 없는 문제점

유목민들은 전사 집단으로서 이동하면서 노략질과 약탈을 일삼는 등 호전적 성향을 지니고 있었다.

유목민들은 전사 집단으로서 이동하면서 노략질과 약탈을 일삼는 등 호전적이었으며 정착민의 평화적, 순응적, 자연친화적 특성이 역사 발전의 주요 원인이 되었다는 사실 또한 간과할 수는 없다.

오늘날은 세계적인 투기자본이 먹이를 찾아 이동하고 저개발국의 노동자들은 생활비를 벌기 위해 선진국으로 이동한다. 따라서 막연한 유행, 트렌드로서의 노마디즘은 강자만이 살아남는 국경 없는 경제의 시대, 세계화 시대에서 제국주의의 변형 이데올로기(modified ideology)가 될 수도 있음을 경계하여야 한다.

제11절 문명의 충돌과 공존
1. 문명의 충돌

　새뮤얼 헌팅턴(Samuel Huntington)은 『문명의 충돌(clash of civilizations)』에서 냉전 시대 이후의 분쟁은 자본주의와 공산주의의 이념 갈등에 의한 분쟁이 아니라 서로 다른 문명 간의 충돌이 그 핵심이고 특히 종교가 중요한 세계 갈등의 요소가 될 것이라고 주장하였다. 그에 의하면 인간은 그 이기적 본성 때문에 충돌이 불가피하고 분쟁은 문명과 문명이 만나는 단층선 지대에서 시작되며 문명 간의 경계선은 미래의 전선이 된다.

　새뮤얼 헌팅턴은 걸프전은 이슬람 문명과 기독교 문명의 자원전쟁이고, 미래의 가장 위험한 충돌은 서구의 오만함, 이슬람의 편협성, 중화의 자존심이 복합적으로 작용하여 발생할 것이라고 하면서 특히 이슬람의 호전성은 세계를 서구화하고자 하는 기독교 문명과 충돌의 근본적인 요인이 될 것이라고 하였다.

　헌팅턴은 세계 정치의 다문명적 본질을 받아들이고 그것을 유지하여야 하며 갈등이 벌어지는 면적(단층)을 최소로 줄이고 문명 간의 상호이해를 통한 공존을 모색하여야 한다고 주장하였다.

새뮤얼 헌팅턴은 냉전 시대 이후 분쟁은 문명의 충돌, 그중에서도 종교가 세계 갈등의 중요한 원인이 될 것이라고 주장하였다.

2. 문명충돌론에 대한 비판

문명 충돌론은 이슬람과 비기독교 문명을 위협으로 간주하는 기독교 문명, 서구 중심의 시각이 반영된 이론이며 비서구 문명에 대한 이해와 지식의 부족에서 기인한다.

문명충돌론은 서구 문화가 보편 문화라는 인식에 근거한 서구중심의 시각(오리엔탈리즘), 이슬람과 비기독교 문명을 위협으로 간주하는 기독교 문명의 시각이 반영된 것이며 서구 문명 대 비서구 문명의 이분법적 사고에 의한 지나친 단순화의 오류를 범하고 있다는 비판을 받고 있다.

문명충돌론은 비서구 문명권에 대한 이해와 지식의 부재에서 기인하는 무지의 충돌이다.

에드워드 사이드

문명충돌론은 미국의 정책결정권자들을 대상으로 쓴 것이고 공산주의 몰락 이후 새로운 적을 찾기 위한 미국 정치권의 욕구를 합리화하기 위한 어용 이론으로서 서구 문명에 바탕을 둔 국제질서를 옹호한다.

하랄트 뮐러

문명충돌론은 문명이 서로 교류하면서 변화·발전한다는 점, 문명생성의 역동성을 간과하고 있으며 주류 문화와 비주류 문화가 공존할 수 있다는 사실을 부정한다. 이는 비서구 문명권 국가들이 고유의 문명을 강화하고 있는 상황을 인식하고 다른 문명권에 대한 두려움에 사로잡혀 문명간의 분쟁과 갈등을 부추김으로써 공존의 가능성을 부정하는 것이다.

하랄트 뮐러

3. 서구의 보편문명론

보편 문명을 주장하는 사람들은 서구 문명이 진화의 마지막 단계이며 비서구 사회를 무지와 야만의 상태로 본다. 새뮤얼 헌팅턴은 『문명의 충돌』에서 보편 문명은 18세기 이후 산업화, 도시화, 문맹률 감소, 교육, 부富, 사회적 유동성의 증가, 직업 구조의 다양화, 환경지배가 가능하게 된 것 등 근대화된 서구의 문명을 보편 문명으로 보고 있다. 근대화, 산업화로 인한 부의 증가, 민주주의 발전, 인권 신장 등 서구문명에 보편의 이름으로 받아들이기에 충분한 가치가 있는 것은 사실이나 다른 문화에도 그 나름대로의 합리성과 타당성이 있기 때문에 문화상대주의, 문화다원주의 입장에서 다른 문화에 대한 예의가 필요하다. 특히, 문화진화론, 보편문명론이 백인우월주의로 폭력행위(인디언 학살, 노예 사냥 등), 제국주의적 수탈을 정당화해 온 논리가 되어 왔음을 생각한다면 보편 문명을 강조함으로써 폭력을 휘두르거나 다양한 문화의 공존을 깨뜨리는 것은 바람직하지 않다.

디 브라운의 『나를 운디드니에 묻어주오-미국 인디언 멸망사』에서는 "서구의 문명이 백인인 앵글로 색슨족에 신의 선물로 부富를 안겨주었고, 인디언에게 멸족선고를 내렸다"고 하였다.

로렌스는 『지혜의 일곱 기둥』에서 "서구인들이 생각하는 선善과 아라비아인들이 생각하는 선善은 다르다. 억지로 강요된 것은 백성들에게 큰 고통을 주는 법. 강철이 자신을 담금질하는 불길에 대해 고맙게 생각할 것 같소?"라고 하면서 보편 문명으로 가장한 서구의 논리 뒤에 숨어 있는 제국주의적 야욕을 지적하였다.

> 서구 중심의 보편문명을 강조함으로써 폭력을 휘두르거나 다양한 문화의 공존을 깨뜨리는 것은 바람직하지 않다.

거역에 대든 사탄의 신전을 무너뜨리고, 그위에 신성한 하나님의 권리를 세운다!!

4. 문명의 공존

비정부기구(NGO) 등 민간 부분의 교류와 역할 증대는 문명 간의 대화 가능성을 넓혀주어 문명의 공존 가능성을 증대시킨다.

오늘의 세계는 정부의 외교정책이라는 공식채널로만 소통되지 않으며 자본주의의 발전, 교역의 증가, 통신의 발달, 다국적 기업과 초국적 비정부기구(NGO), 인터넷, CNN 등으로 인하여 세계 사회가 형성되었다.

하랄트 뮐러는 이러한 세계 사회에서 비정부기구(NGO) 등 민간 부분의 교류와 역할 증대는 문명 간의 대화 가능성을 넓혀주어 문명의 공존 가능성을 확대시키고 인류의 공존으로 이어질 수 있다고 하였다.

하랄트 뮐러는 문명충돌론을 비판하고 서구사회의 반성을 보여주었으나 인류의 보편적 가치로 인권, 민주주의, 평등 등 서구적 가치관을 강조하고, 아시아적 가치는 권위와 위계질서를 강조하여 통제에 목적이 있고 인권 개선에 방해가 된다고 하여 서구중심의 시야를 견지한다.

문명의 공존을 위해서는 문화상대주의적 입장에서 나와 다른 상대방의 존재와 고유 가치를 인정하되 비인간적인 부분은 개선해 나가야 할 것이며, 다른 문명을 이해하고 다양성을 존중하는 토대 위에서 교류를 확대시켜 나가면서 다양한 문명이 공존할 수 있도록 해야 한다.

1. 고급문화와 대중문화

  흔히 고급문화와 순수예술은 깊이가 있고 진지하며 예술 그 자체를 목표로 하고 품격 있고 가치 있는 위대한 예술로, 대중문화는 가볍고 저속하고 통속적이어서 비평의 가치가 없는 저급하고 나쁜 문화로 표현하기도 한다.

  전통적인 엘리트 문화를 선호하는 계층에서는 대중문화를 저속하고 위험하며 정화되어야 하는 대상으로 본다. 그러나 대중문화는 많은 사람들이 좋아하는 문화이다. 민주주의와 자본주의의 발전에 따라 표현의 자유, 정보의 민주화가 확대되고 미디어의 발달과 함께 문화에 대한 접촉기회가 확대되고 문화의 저변이 확대됨으로써 소수의 창작자의 후원자들만이 즐길 수 있었던 예술은 대중화 되었으며 대중도 예술에 대한 안목과 비평력을 갖게 되었다. 대중문화는 문화향유의 기회확대, 문화의 민주화를 가져왔다.

전통적인 엘리트문화를 선호하는 계층에서는 대중문화를 저속하고 위험하다고 생각한다. 그러나 대중문화는 많은 사람들이 좋아하는 문화이며 문화 기회의 확대에 기여하는 면이 있다.

2. 대중문화에 대한 비판적 시각 ①

대중문화를 비판적으로 보는 입장에서는 대중문화가 자극적 오락, 감각적 쾌락만을 제공하여 현실도피를 유도하고 비판기능, 사회 개선 의지를 상실케 할 뿐 아니라 문화 조작을 통하여 지배 세력의 영향력을 유지하고자 한다고 주장한다.

프랑크푸르트학파에서는 대중문화는 자극적 오락거리와 감각적 쾌락을 제공함으로써 현실 도피를 유도하여 지배 체제에 순응케 한다고 주장하였다. 대중문화를 무비판적으로 즐기고 안주하게 되면 사회 시민으로서의 권리와 책임을 망각하게 되고 대중은 비판능력과 사회개선의지를 상실하게 되어 자유롭고 창조적인 주체가 아닌 익명의 군중으로 전락하게 된다는 것이다.

마르크스주의자들은 대중문화는 지배계급이 대중매체를 통해 피지배계층의 역량을 감소시키고 우둔하게 하여 지배를 용이하게 할 목적으로 전파하는 문화이며 자본주의가 만들어 낸 비생산적인 문화로 간주한다. 안토니오 그람시는 대중문화를 지배계급이 문화지배를 통하여 피지배계급의 암묵적 동의와 자발적 참여를 이끌어 내어 헤게모니(hegemony,주도권)를 장악하고 지배를 자연스럽게 받아들이게 하는 수단으로 보았다.

대중문화를 문화제국주의의 시각에서 보는 입장에서는 대중문화는 미국의 퇴폐적인 문화이며 헐리우드 영화, 디즈니사의 애니메이션 등은 이윤획득을 위해 사업가와 기술자들에 의해 인위적으로 만들어진 외래문화라고 비판한다.

대중문화는 소수에 의해 생산되고 획일화·상품화되어 대중에 의해 소비됨으로써 인간의 자유로운 개성을 말살시킨다. 또 살인, 폭력, 전쟁, 마약, 섹스, 불륜 등 자극적 수단을 사용하여 지성보다는 인간의 감성과 욕망, 원초적 본능에 호소하여 자본적 상품소비를 권장함으로써 창조보다는 경제적 이익을 위한 수단이 된다.

롤랑 바르트는 대중매체가 지속적으로 문화적 상징기호를 만들어 냄으로써 문화적 신화를 만든다고 하면서 이 신화는 막대한 이윤을 추구하는 자본가와 자신들의 영향력을 유지하고자 하는 사회 지배 집단이 만들어 낸 문화조작이며 문화산업이 만들어 낸 환상일 뿐이라고 비판하였다.

대중문화는 미국의 퇴폐적인 문화이며 이윤획득을 위해 사업자와 기술자들에 의해 인위적으로 만들어진 외래문화라고 비판하는 사람들도 있다.

4. 대중문화 비판론에 대한 반론 ① - 대중문화의 질

　오늘날은 예술에 대한 후원자의 상실로 예술가는 시장에서 자신의 상품을 팔아야 하는 상황에 직면하게 되었다. 오늘날은 대중의 수준이 높아지고 전문가 수준에 이르는 사람이 다수이며 대중문화를 익히는 훈련과정과 강도, 난이도에 있어 그것이 고급문화보다 낮다고 말하기는 어렵다. 또 고급문화로 분류되는 것도 대중의 사랑을 받아 상업적으로 성공하여 상품으로 대량 유통되는 경우가 많으며 오늘날은 고급문화의 영역에 속하던 것도 상업성의 노예가 되어 있는 것이 많다.[1]

　대중문화는 대중이 즐기기 위해 평균의 취향을 노려야 하기 때문에 높은 질을 기대하는 것이 무리한 측면은 있으나 대중의 취향도 19세기까지 대중이 즐겼던 문화에 비하면 훨씬 수준 높고 진보된 것으로 볼 수 있다. 따라서 대중문화를 반드시 질 낮은 문화라고 할 수는 없다.

> 오늘날 대중의 취향은 상당히 높아졌고 고급문화도 상업성에서 자유로울 수 없었으므로 대중문화를 질 낮은 문화로만 볼 수는 없다. 인간의 심미적 기준은 다양하며 다양성 속에서 예술의 발전과 진보의 가능성을 모색할 필요가 있다.

---

1)　과거 예술가의 작품은 오늘날 미술품 경매시장에서 천문학적 금액으로 거래가 이루어지고 유명 연주자나 지휘자들은 전 세계를 떠돌며 자신의 작품을 팔고 있다.

5. 대중문화 비판론에 대한 반론 ② - 대중문화의 상업성·퇴폐성

예술의 상업화는 자본주의 발달과 그 맥을 같이 하며 오늘날은 순수예술도 상업성에서 자유로울 수 없다.

대중문화의 상업성·퇴폐성을 외래적인 것으로만 보는 것은 잘못이며 상업성과 퇴폐성은 그 사회 내부적인 구조와도 관련이 있다. 민족문화·전통문화에도 권위주의 체제를 위한 문화, 퇴폐적 문화가 있는 등 그 내용이 다양하며 민족문화는 모두 순수하고 동질적인 것이고 외래문화는 상업적·퇴폐적이라는 시각에는 문제가 있다. 또 예술의 상업화는 자본주의의 발달과 그 맥을 같이 하며 오늘날은 그 어떤 것도 상업성에서 자유로울 수 없으므로 상업성으로 대중예술을 논박하기에는 무리가 있다.

6. 대중문화 비판론에 대한 반론 ③ - 문화의 다양성

다양성과 이질성이 혼재 되어 있는 사회에서 사람들의 심미적 기준은 다양하다.
각자의 취향에 따라 선택하고 문화적 다양성을 즐기는 것은 삶을 풍요롭게 한다.

디지털 시대에는 원형과 복제의 차이를 구분할 수 없게 되어 아우라
(aura)를 찾아보기 어렵다. 예술이나 오락, 정보는 그 사회의 여러 가치, 성
원들의 필요와 성격에 의해 형성되며 심미적 기준은 다양하다. 이질성과
다양성이 광범위하게 이루어져 있는 사회는 여러 종류의 심미적 기준이
있어 어떤 것을 선택할 기회가 공평하게 제공되고 있으며 사람들은 스스
로에게 적절한 심미적 기준의 것을 선택할 수 있다.

대중은 단순한 수동적 소비자가 아니라 다양한 속성과 개성과 차별성
을 가진 인격적 주체다. 따라서 대중문화가 가지는 긍정적 요소를 받아들
이고 문화적 다양성 속에서 예술의 발전과 진보의 가능성을 모색하는 것
이 삶을 더욱 풍요롭게 하는 데 도움이 될 것이다.

7. 대중은 더이상 수동적 존재가 아니다

오늘날 대중은 문화 생산자가 의도한 대로 문화 산물을 소비하는 수동적 존재가 아니며 TV가 시청자를 바보로 만드는 바보상자라는 생각은 단순한 생각에 지나지 않는다. 오늘날 교육수준이 높은 대중은 자신들의 기준과 가치관으로 문화상품을 취사선택하고 평가한다.

80% 이상의 영화는 엄청난 광고에도 흥행에 실패하는데 이는 대중이 단순한 수동적 소비자가 아니라는 점을 반증한다. 대중문화의 내용과 관계없이 대중은 능동적으로 선택하고 편집할 수 있는 능력을 지닌다. 예컨대 인디언들은 서부극을 감상함에 있어 인디언들이 승리하는 장면, 백인들이 비열한 행위를 하는 장면을 골라 반복시청함으로써 자긍심을 높이고 백인에 대한 우월감을 유지하는 도구로 사용한다고 한다.

매체가 다양해지고 쌍방향성의 성격이 강해지면서 대중의 자발적 선택 가능성은 커지고 있다. TV 채널은 다양해져서 선택의 여지가 커졌고 인터넷의 발달은 개인을 문화 생산자의 위치로 끌어올리고 있다. 결국 대중은 단순한 수동적 존재가 아니라 능동적으로 선택하고 편집하며 대항문화를 만들어 나간다.

대다수의 영화는 엄청난 광고에도 흥행에 실패한다. 이는 대중이 단순한 수동적 소비자가 아니라는 점을 반증한다.

8. 대중문화의 현주소

대중문화는 지배계급이 헤게모니를 장악하여 대중을 길들이려는 시도와 이에 반대하는 움직임이 혼재되어 있는 곳이며 대중문화는 지배이데올로기를 강요하는 지배문화와 이에 저항하여 자발적으로 발생한 저항문화가 충돌·타협하는 장소이다. 이 과정에서 저항문화가 대중문화의 지배력을 획득하는 경우도 있고 저항문화가 자본에 편입되어 저항력을 상실하고 타협해 버리는 경우도 있다. 체 게바라(Che Guevara)의 포스트는 상업적 디자인이 되었고 록음악의 상업화에 저항한 커트 코베인(Kurt Cobain)은 상업화를 거부하였으나 상업적으로 성공하였다. 이 때문에 커트 코베인은 사라지는 것보다 불타버리는 것이 낫다는 노랫말을 남기고 자살하였다. 결국 대중문화는 지배문화와 저항문화가 끊임없이 충돌, 갈등을 일으키는 곳이며 양자가 평형을 이루는 곳에서 타협이 이루어지고 대중문화의 모습이 결정된다. 따라서 대중문화의 모습은 항상 변한다고 보아야 할 것이다.

대중문화는 지배문화와 이에 저항하여 자발적으로 발생한 저항문화가 충돌, 타협하는 장소이며 양자가 평형을 이루는 곳에서 대중문화의 모습이 결정된다.

제13절 자본주의와 대중문화
1. 자본주의의 시장확대전략과 대중문화

남녀공용의 패션, 유니섹스 모드, 밀리터리 룩 등은 남녀 구분 없이 소비계층을 늘리고자 하는 자본주의 전략의 산물이다.

자본주의는 지속적으로 물건을 팔아 이윤을 챙길 수 있어야 하기 때문에 끊임없이 시장을 확대해야 한다. 오늘날은 과거와 같이 식민지 획득 등의 방식으로 시장을 확대하는 것이 불가능하므로 자본주의는 다음과 같은 방법으로 사실상 시장확대의 효과를 얻고자 한다.

첫째는 시장의 영역에 포함되지 않았던 문화영역을 시장의 영역으로 끌어들여 시장을 확대시키고자 하는 전략이며 그 결과물이 대중문화다. 대중문화의 형성으로 아마추어 스포츠가 프로화되고 스포츠는 상품화되었으며 명예는 돈이 되었다.

둘째는 의미부여나 상징조작을 통해 소비계층을 확대하는 전략이다. 이 전략에 의해 목걸이, 귀걸이 등은 남자들도 착용하는 장신구가 되었으며 밀리터리 룩 이라는 패션 창조로 여자들도 군화를 신게 되었다. 유니섹스 모드, 젠더리스 룩 등은 남녀 구분 없이 소비계층을 늘리려는 상징조작의 일환으로 수립된 것이다.

물리적 공간이 아닌 사이버 공간에서 전자상거래가 이루어지는 온라인 시장도 시장이 확대된 것으로 볼 수 있다.

대중문화는 자본주의의 시장 확대 전략 일환으로 성립된 것이기 때문에 본질적으로 상업적 성격을 띤다. 따라서 대중문화현상을 이해하기 위해서는 자본주의라는 요소를 일차적으로 고려해야 한다.

2. 미디어 기술의 발전과 대중문화

"미디어는 메시지다. 모든 미디어는 인간의 중추신경의 확장이다"라는 마셜 맥루언의 말은 새로운 미디어 기술이 미치게 될 사회적 파장을 예리하게 분석하였다는 평가를 받는다.

마셜 맥루언(Marshall Mcluhan)의 『미디어의 이해』에 의하면 모든 미디어는 우리 자신의 확장이다. 마셜 맥루언은 "미디어가 원자폭탄이라면 메시지는 원자폭탄의 표면에 써진 낙서에 비유될 수 있다"고 주장하였다. 모든 미디어는 인간 능력(감각)의 확장이며 그에 따라 우리가 세상을 인식하는 방식도 크게 달라진다는 마셜 맥루언의 견해는 인류문명을 미디어 중심으로 바라보고 기술 결정론(technological determinism)의 입장에서 미디어의 기술적 속성이 문명의 성격을 결정한다는 입장을 취하고 있다. 그에의하면 전자미디어의 등장은 멀티미디어 은하계(multimedia galaxy)라는 통합된 지구촌 공동체(지구촌, global village)의 출범을 알리는 것이다.

움베르토 에코(Umberto Eco)가 미디어가 메시지라면 우리가 할 일은 그저 도구의 지시에 복종하는 것일 뿐이라고 비판하였듯이 과도한 미디어 기술결정론적 시각은 우리가 해결해야 할 많은 문제들을 미디어 기술의 특성 정도로 덮고 지나쳐 버릴 위험성을 안고 있다. 그러나 마셜 맥루언의 주장은 새로운 미디어 기술의 특징을 잘 보여주었고 그것이 미치게 될 사회적 파장을 예리하게 분석하였다는데 중요한 의의가 있다.

3. 첨단기술과 대중문화

　사진기의 발명과 컬러 기술의 발전은 복제의 질을 높이고 작품의 대량 유통을 가능케 하였다. 디지털기술은 상상력을 현실화하여 스타워즈, 쥬라기 공원같은 영화를 만드는 것을 가능하게 하였다. 대중문화가 우리에게 즐거움을 주는 요소는 해학성(the comic), 관능성(the erotic), 선정성(the sensational), 환상성(the fantastic), 감상성(the sentimental)인데 컬러 기술은 관능성의 요소를, 디지털 기술은 환상성을 극대화하여 보여준다.

　대중문화에서는 새로운 복제기술이나 영상기술의 소유가 경쟁에서의 핵심수단이 된다. 따라서 첨단기술은 대중문화 내부의 역학관계를 결정하는 결정적 요인이 되고 있으며 문화상품에서는 고가의 복잡한 장비와 기술투자를 위한 자본을 갖춘 대자본의 영향력이 더 커질 가능성이 있다.

오늘날 대중문화에서는 첨단기술, 고가의 장비를 갖춘 대자본이 강력한 영향력을 행사할 가능성이 많아졌다. 따라서 대중문화는 대자본의 영향력에 휘둘리게 된다.

제14절 아비투스

1. 아비투스

취향은 개인의 경험과 생활 속에서 문화를 통해 획득된다. 개인의 취향에는 집단의 성향과 감각이 녹아있다.

아비투스는 문화를 통해 획득한 후천적 성향(acquired disposition)으로서 개인에게 체화된 성향체계(embodied system)를 말한다.

프랑스의 사회학자 피에르 부르디외(Pierre Bourdieu)의 『구별 짓기, 문화와 취향의 사회학』에 의하면 취향은 자연스럽게 타고난 것이 아니라 스스로의 경험과 생활 속에서 문화를 통해 획득되는 후천적 성향이다. 개인의 취향에는 집단의 성향과 감각이 녹아 있으며 그것은 개인적인 동시에 사회적이다.

이러한 취향은 계급·계층을 나누고 신분의 차이를 드러내는 상징적 지표가 되고 계급의 표시자로서의 기능을 한다.

상류계층의 취향은 느긋함, 차별화, 감각을 특징으로 하고 민중 계층은 편리함, 경제성, 실용성을 추구한다.

피에르 부르디외(Pierre Bourdieu)에 의하면 개인의 취향은 그가 속한 계급의 아비투스(habitus)에 따라 상이한 소비, 생활양식으로 나타난다. 지배계급의 취향은 차별화, 섬세함, 감각을 특징으로 하고 학습시간을 투자해야 누릴 수 있는 것을 선호하고 브랜드(brand), 느긋함, 즐거움을 중시하는 반면 민중계층은 필요를 중심으로 선택하고 실용적인 것에 의미를 두기 때문에 대중음악, 패스트푸드를 선호하는 경향이 있다. 이처럼 차별화된 소비와 문화적 취향이 사회적 지위를 결정하는 기능을 한다. 따라서 취향은 가치 중립적이지 않으며 취향은 신분의 차이를 나타내는 상징적인 상징적 지표, 문화적 지표가 된다.

지배계급의 취향은 사회적 취향의 기준이 되어 피지배층의 진입을 막고 존경심을 조장한다. 취향은 문화적 위계를 반영하고, 문화는 또 하나의 권력으로 작용한다.

명품소비는 희귀재의 소비를 통해 자신들의 상징권력을 확보하는 것이 주목적이다.

졸부(parvenu)가 인간적 대접을 못 받는 현상은 상류층 진입이 경제적·정치적 신분상승만으로 가능하지 않다는 것을 보여준다.

3. 문화와 계층구분

　취향에는 사회적 구분에 대한 욕망이 투영되어 있으며 품위, 교양, 세련됨, 고상함 등으로 표현되는 취향 위계의 상위에 속할수록 특별한 이익이 있다. 이러한 취향과 기호의 재생산은 정치적·경제적 차원의 차별과는 달리 보다 은밀하고 간접적으로 작용한다. 특히 교육은 교양의 차별적 재생산 메커니즘이 될 가능성이 많은 분야이다.

　문화 자본의 우위는 경제적 자본, 사회관계 자본(인맥, 연결망), 상징 자본(위신, 명예)의 우위로 이어지게 되고 결국 문화는 계층구분을 재생산하며 문화적 장벽 은 보이지 않는 사회적 구별로 작용하면서 하위계층에 상징적 폭력을 행사하게 된다.

　우리나라에서는 경제력 차이→ 사교육 차이 → 학력 차이 → 직업 격차의 순으로 계층 구분을 재생산한다.

　교양 있는 말투, 제스처는 사회적 차별을 낳는 문화적 장벽의 역할을 한다.

　와인은 종류와 가격이 다양하여 그에 대한 상세한 지식의 소유 여부는 신분을 표현하는 효과적 수단이 될 수 있다. 와인 열풍은 기호의 차이를 신분의 차이로 드러내고자 하는 사회적 욕망과 관련이 있다.

학력, 교양과 취미 등이 상위에 있을수록 인맥이 두터워지고 계층구분을 재생산하게 된다.

4. 문화 자본

■ 체화된 문화 자본(신체 자본, 상속 자본)
  몸짓, 외모, 자세, 표정, 걸음걸이, 음식 먹는 방법, 음주습관, 목소리와 억양, 말투, 사용하는 어휘 등은 오랜 시간과 노력 끝에 습득되는 것으로 세습과정이 감추어져 있어 계급 재생산을 위한 중요한 자본이 된다.

■ 객관적 문화 자본
  그림, 도서, 기계, 건물 등 물적 대상을 말한다. 객관적 문화자본은 감상·평가를 통해 상징적으로 이용할 수 있고, 구매·소유할 수도 있다.

■ 제도적 문화 자본(학력 자본, 획득자본)
  개인이 교육의 과정을 통해 획득한 문화 자본(학위, 자격증)으로서 행위자들의 속성과 무관하게 관습적·법적으로 그 가치를 보장받는다.제도적 문화 자본을 획득하기 위해 학위·경력 위조사건이 일어나기도 한다.

문화 자본에서 우위를 차지하기 위해서는 능력보다 지배계급문화(품위, 교양, 세련됨, 고상한 취미 등)와의 친밀성, 이를 과시할 수 있는 차별화된 기호와 표지를 사용할 수 있는 능력이 중요하다.

피에르 부르디외(Pierre Bourdieu)는 모든 것은 권력관계에 따라 결정된다고 하면서 지배질서가 만들어 낸 지배담론을 정당화하고 묵인할 것이 아니라 지배담론의 이면을 확인하고 불합리한 사회구조에 대하여 끊임없이 문제를 제기하고 소수계층만이 행복을 누리는 불평등의 고리를 끊을 수 있는 방안이 필요하다고 주장하였다.

문화 자본에서 우위를 차지하기 위해서는 품위, 교양, 세련됨, 고상한 취미를 과시할 수 있는 차별화된 기호와 표지를 사용할 수 있는 능력이 중요하다.

제15절 문화산업

1. 문화산업

　문화산업은 문화를 상업적·경제적으로 이용하여 하나의 상품으로 생산·판매하는 현대의 산업형태를 말한다. 문화산업이라는 용어는 아도르노와 호르크하이머가 「계몽의 변증법(Dialetic of Enlightment)」(1944)에서 문화와 산업의 결탁을 경고한 철학적 메시지였으나 오늘날은 문화가 산업이라는 데 대하여 아무도 이의를 제기하지 않는다.

　칼 폴라니(Karl polanyi)는 시장경제가 모든 것을 잠식하는 상황을 "악마의 맷돌"이라고 표현하였다. 이처럼 오늘날은 시장경제가 모든 것을 잠식하고 있으며 문화면에서도 예외가 아니다. 문화창작물은 시청률, 관객동원이 중요하고 좋은 작품은 흥행실적(box-office record)과 작품가격으로 평가된다.

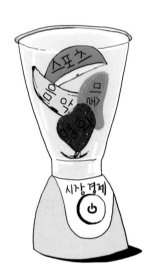

오늘날은 시장 경제가 모든 것을 잠식하고 있으며 문화도 그 예외는 아니다.

문화산업은 전세계에 수출하므로 큰 부가가치를 창출하고 파급효과가 크다. 그러나 많은 제작비가 소요되므로 고위험, 고수익 산업이다.

■ 부가가치창출

문화 산업의 대부분은 콘텐츠를 판매하는 것인데 이는 자원이 소진되지 않고 복제만으로 전세계에 수출이 가능하기 때문에 큰 부가가치를 창출한다. 또 문화산업의 콘텐츠는 다른 분야로 쉽게 확장하여 수익을 올릴 수 있어서 상품의 수익률과 확장성이 다른 산업보다 훨씬 크다.

■ 고위험, 고수익 산업

문화산업은 많은 제작비가 소요되므로 높은 수익률에도 불구하고 위험도가 높아서 고위험 고수익 산업이라고 부르기도 한다.

■ 파급효과가 크다

영화·게임·문화콘텐츠는 이용자들로 하여금 문화적 코드에 익숙하게 하므로 산업 외적 영역에까지 파급효과가 미친다. 위와 같은 문화상품은 특정 문화를 우월하게 보이게 하거나 하여 경제적으로 계산하기 힘든 정치적·상징적 위력을 발휘한다.

3. 문화산업에 대한 비판

　문화산업은 그 부가가치와 파급효과로 경제의 핵심동력이 될 수 있고 대중계몽, 문화의 민주화라는 긍정적 역할을 수행하기도 하나 다음과 같은 비판을 받는다.

　문화는 자극적 오락거리를 제공하여 정신적 도피를 유도함으로써 현실도피, 마취제의 기능을 한다. 이로써 문제인식능력, 개선의지, 비판능력이 감퇴되어 대중은 일차원적 사고에 머무르게 된다(마르쿠제).

　예술을 문화산업으로 만드는 것은 예술의 고유한 기능을 몰살하고 획일화를 고취시켜 예술의 자율성을 무력하게 하고, 예술의 사회화는 전체주의로 변질될 위험이 있다(아도르노).

　정형화되고 표준화된 문화적 생산물은 청중의 표준화를 낳고 대중은 자발성을 박탈당하여 문화산업의 부속물이 된다.

문화가 상품화되면 대중조작에 이용되어 대중의 비판 능력을 감소시키고 문화의 획일화를 초래할 위험이 있다.

스타 마케팅은 대중과 상품의 정서적 연결고리를 만들어 소비자로 하여금 특정 상품을 사게 하려는 판매전략이다.

　대중적으로 널리 알려진 스타를 동원하는 스타 마케팅은 대중과 상품의 감정적·정서적 연결고리를 만들어 소비자를 특정상품에 묶어 두고자 한다. 이는 대중적 인지도를 구축한 인기스타를 안전장치, 보조장치로 활용하여 소비자를 확보함으로써 이윤을 극대화하고자 하는 판매전략이다. 인기스타에게 지급되는 거액의 개런티는 상품의 가격에 반영되어 소비자에 전가되므로 손해 볼 것이 없기 때문에 기업은 수익성을 인정받은 요소를 통해 안정적으로 소비자를 확보하고 이윤을 창출하는 방법으로 스타 마케팅을 활용하고 있다.

5. 문화의 시대 ①

　롤프 옌센(Rolf Jensen)은 『Dream Society』에서 미래의 전쟁은 아이디어와 가치관을 내용으로 하는 문화와 이야기의 전쟁, 콘텐츠 전쟁이다. 정보의 독점은 끝났고 인터넷은 경계가 없다. 따라서 뛰어난 이야기를 가진 전사가 세계의 시장을 지배할 것이라고 하였다.

　롤프 옌센에 의하면 정보화 사회 이후의 새로운 사회는 기술, 정보, 군사력보다 이야기, 감성, 아이디어, 디자인, 가치관 등을 담고 있는 문화 콘텐츠, 소프트 파워, 문화의 힘이 세계를 지배할 것이며 문화, 정치적 가치관, 대외정책 등의 소프트 파워는 경제적·군사적 자산보다 중요한 것으로서 미래사회를 이끌어 갈 미래의 힘이다.

정보화 사회 이후의 새로운 사회는 기술, 정보, 군사력보다 이야기, 감성, 아이디어, 디자인, 가치관 등을 담고 있는 문화 컨텐츠, 소프트 파워가 세계를 지배할 것이다.
롤프 옌센

김구 선생은 우리나라가 나아가야 할 방향을 정확하게 제시하였다.

   감성을 중시하는 소프트 파워의 시대, 문화력이 국가와 기업을 융성하게 하는 문화의 시대가 도래함에 따라 문화의 힘은 미래사회의 경쟁력이 되었다. 문화는 남의 것을 모방하는데 그치거나 편협한 가치나 한 지역에 한정되어서는 안되고 그것이 진정한 힘을 발휘하기 위해서는 보편성과 주체성을 가져야 한다. 높은 문화는 사람들을 즐겁고 행복하게 하고 기업과 국가를 융성하게 하며 세계평화에 기여할 수 있다.

   내가 원하는 나라는 높고 새로운 문화를 가진 나라, 문화의 근원, 목표, 모범이 되는 나라이며, 진정한 세계평화가 우리나라로 말미암아 실현되는 나라이다.

김구

7. 문화의 힘

　전통문화유산에는 삶의 아름다움과 깊이가 담겨있으며 시대를 앞서 살다간 사람들의 창의력, 사고력, 예술적 표현력이 녹아 있다. 전통은 낡은 것이 아니라 오래된 것이며, 오래된 것에서 강한 힘이 나온다. 우리는 전통문화 속에 들어있는 빛나는 지성과 풍부한 감성을 이해하고 문화발전에 활용함으로써 삶을 더욱 풍요롭게 할 수 있다.

　새뮤얼 헌팅턴(Samuel Huntington)은 문화적 가치가 인류발전을 좌우한다고 하면서 1960년대 초반 한국과 아프리카의 가나는 사회·경제적 지표가 비슷하였으나 30년 후 현격한 차이가 발생하였는데 이는 문화의 차이에 의한 것이라고 하였다. 문화의 차이는 교육, 연구개발, 정치 민주화, 사회 근대화로 이어져 결정적 차이를 만들어 낸다. 결국 문화적 가치가 국가와 인류발전을 좌우하며 문화는 인류의 미래와 지구의 운명을 결정한다는 것이다.

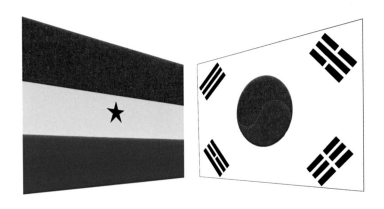

가나와 한국은 1960년대 초반 사회, 경제적 지표가 비슷하였으나 30년 후 현격한 차이가 발생하였는데 이는 문화의 차이에 의한 것이다. 문화의 차이는 교육, 연구개발, 민주화, 근대화로 이어져 결정적 차이를 만들어 낸다.

새뮤얼 헌팅턴

한류가 경제적 이익만 추구하게 되면 혐한류의 역풍을 맞게 될 우려가 있다. 한류의 지속을 위해서는 K-pop, 드라마 뿐 아니라 문화의 모든 면에서의 다각적 접근으로 해외에 새로운 재미와 한국의 정, 미덕을 전파하고 인류평화에 기여할 수 있어야 한다.

한류(Korean wave)는 한국의 대중문화가 외국에서 공통적으로 수용되고 있는 현상을 말한다. 한류의 확산은 파생상품의 개발·판매와 함께 한국의 국가 이미지를 동반 상승시키는 효과를 가져왔다.

한류는 한국문화의 특수성이 적극적으로 인정된 것이 아니라 한국문화를 모처럼 접하게 된 주변 국가들의 일시적 유행과 우연히 만난 것일 뿐 스타양성 시스템에 의존하여 경제적 논리만을 강조함으로써 일시적 유행에 그치고 거품이 꺼질 것이라는 견해도 있다. 세계 각국은 자국의 문화 정체성을 보호하고자 하고 있는데 한류가 경제적 이익만 추구하게 되면 혐한류(anti-Korean wave)의 역풍을 맞게 될 우려가 있다. 한류의 지속을 위해서는 드라마, 영화, 가요 등 대중문화뿐 아니라 모든 분야에서 다각적 접근이 필요하고 끊임없이 새로운 콘텐츠를 개발하여야 한다. 또 한류는 세계화의 보편적 흐름에 편승하면서도 한국적 특수성이라는 지역적 특성을 반영하여야 하며 상대문화를 존중하고 함께 발전을 지향하여 인류평화에 기여할 수 있어야 한다.

제16절 하이브리드
1. 문화에 있어서의 하이브리드

하이브리드(hybrid)는 잡종(crossbreed)·혼성(blending)의 의미를 지닌다. 팝페라(pop+opera)는 오페라의 고급스러운 정서를 유지하면서 대중적으로 친근한 팝의 감수성을 통해서 대중에게 쉽게 다가가고자 한다.

크로스오버(crossover, 장르 혼합/파괴적 경향)는 장르 간의 경계를 뛰어넘는 것으로 바흐의 음악을 재즈로 재해석하거나 가야금으로 비틀즈, 파헬벨의 캐논을 연주하는 것, 서양악기로 고전음악을 연주하는 것 등을 그 예로 들 수 있다.

퓨전요리(fusion cusine)는 서로 다른 여러 나라 요리들이 뒤섞이는 경향을 말하는데 일상생활에서 볼 수 있는 음식문화의 장르파괴는 세계화나 인구이동에 따른 이민족 공동체의 성장과 밀접한 관련이 있다.

다민족 공동체의 문화는 자신들만의 고유한 문화나 음식을 고집하기보다 서로 다른 문화의 섞임과 음식문화의 통합현상을 촉진하는 경향이 있는데 이는 교류·융합을 통한 문화발전의 물질적인 조건이 된다.

예) LA갈비, 캘리포니아 스시, 불고기버거, 불고기피자 등

세계화 시대에는 고유의 정체성보다 이질적인 문화간의 교류와 혼합을 중요하게 여기며 국경을 넘어 서로 다른 문화가 뒤섞이며 통합되는 경향이 있다.

하이브리드는 잡종, 혼성의 의미를 지닌다. 크로스오버(장르 혼합)는 장르 간의 경계를 뛰어넘어 새로운 형식의 예술을 보여준다.

일명 찍찍이라고 불리는 벨크로(velcro)는 옷에 달라붙는 도꼬마리(cocklebur)에서 힌트를 얻어 발명한 것인데 이것은 의류, 가방, 신발 등에서 지퍼, 단추, 버튼을 대체하는 여밈 장치로 널리 사용되고 있다. 이것은 식물학이 제조업에 융합된 사례. 현대 사회의 위험에 대처하고 현대 사회를 살아나가기 위한 새로운 지식을 얻기 위해서는 서로 다른 요소들을 연관시킬 수 있는 융합적 사고 능력이 필요하다.

과학기술의 발전과 기술문명체제는 인류를 빈곤과 고통에서 벗어나게 해 주었으나 반면 이로 인해 야기된 여러 가지 문제들은 일순간에 사회적 재앙(자연파괴, 핵전쟁, 원자력 발전소의 사고, 생명공학의 위험성)을 가져올 수 있으며 인류의 안락한 삶을 보장할 수 없게 되었다.

이러한 위험에 대처하고 현대사회를 살아나가기 위해서는 새로운 지식이 필요한데 새로운 지식을 만들어 내기 위해서는 서로 다른 요소들을 연관시킬 수 있는 융합적 사고능력이 필요하다.

타문화와의 교류와 융합은 창조적 사유의 근원이 되며 21세기에는 서로 다른 지식과 다양한 생각을 교류함으로써 다양한 분야의 방법론과 관심을 통합하고 사회 전체 네트워크의 작동을 이해할 수 있는 능력이 요구된다.

3. 새로운 문화의 창조

잡종적 사유는 장르 혼합에 의해 새로운 문화를 창조할 수 있게 하며 이분법, 편가르기를 넘어 다양성을 존중하는 관용의 문화를 가능케 한다.

잡종·혼성·혼종의 장르 파괴적 경향은 혼잡과 혼종을 통한 이질적 문화의 창조를 목표로 한다. 하이브리드적 사고는 과거의 전통이나 인습에 얽매이지 않고 그렇다고 과거를 부정하지도 않는다. 이때 전통, 정체성, 장르의 고유한 규칙 등은 반드시 지켜야만 하는 규범이 아니라 새로운 예술적 창조를 위한 다양한 소재에 불과하며, 소재 간의 혼성적 결합(hybrid-ized bond)을 통해 새로운 문화현상을 창조하고자 한다. 문화는 서로 다른 문화끼리 충돌하고 교류하면서 발전하는 것이며 모든 문화는 억압을 극복하면서 새로운 문화로 거듭난다. 장르를 파괴하는 것은 새로운 장르를 개척하는 것이며, 장르를 혼합하는 것은 새로운 문화를 창조하는 것이다. 나아가 잡종적 사유는 이분법, 편 가르기와 이에 근거한 따돌림, 차별을 극복하고 다양성을 존중하는 관용의 문화를 가능케 한다.

1. 스포츠의 의의

스포츠는 신체를 단련하고 건강을 증진시키기 위한 놀이이며 운동이다. 스포츠에는 목표를 위한 오랫동안의 땀과 눈물(노력과 정성)이 필요하고 비교적 편법이 통하지 않고 정직한 보상이 따르게 된다. 또 스포츠는 경기과정이 중시되는 과정의 드라마이며 기록에 대한 도전이 있다.

스포츠의 역할
- 스포츠는 일상문화를 건강하고 즐겁고 가치 있게 만드는데 기여한다.
- 스포츠를 통하여 협동심을 기를 수 있고 집단적 협동은 생존에 매우 유리하게 작용한다.
- 스포츠는 엄정한 규칙에 따라 한정된 시간에 점수로 경쟁을 하기 때문에 감정을 억제하고 규칙과 절차를 따름으로써 갈등을 심화시키지 않고 집단구획의식이 가지는 독소(편 가르기로 인한 편견, 적대감 등)를 중화시킨다.

스포츠는 패거리 의식(집단구획의식)이 가지는 독소 즉 편견, 적대감 등을 중화시키는 역할을 한다.

2. 현대판 신화 ①

 스포츠를 통하여 사람들은 육체에 내재 되어 있는 동물적 공격성을 배출한다. 오늘날 스포츠 스타들은 과거의 로마의 검투사들이 담당했던 역할을 담당한다.

 경기장에는 흥분하기 쉬운 관중들이 모여 있고 욕설, 비난, 저주가 난무하며 사람들은 스포츠 스타를 통해 욕망의 대리만족을 취한다.

 스포츠는 현대인들에게 짜릿한 흥분과 쾌감을 선사하며 사람들은 스포츠를 즐기고 스포츠 속에서 삶의 희열을 느끼며 자기가 좋아하는 팀에 전폭적인 지지를 보낸다. 이러한 점에서 스포츠는 신화의 기능을 수행하고 있다.

 움베르토 에코는 클럽의 축구경기장을 현대의 신전이라고 하였다. 성당이나 국회가 정치적 목적으로 점거당해도 사람들은 놀라지 않을 것이나 축구경기가 벌어지는 경기장을 누군가 점거한다면 성난 관중의 폭동으로 살아남지 못할 것이며 축구장은 축구 이외의 목적으로 사용할 수 없기 때문이라는 것이다.

스포츠 경기장에는 응원, 욕설, 저주가 난무한다. 흥분하기 쉬운 관중들은 스포츠를 통하여 삶의 희열을 느끼고 욕망의 대리만족을 취한다.

3. 현대판 신화 ②

3. 현대판 신화 ②

스포츠는 중립적이지 않은데도 중립적이라고 믿어야 한다는 점에서 신화적 기능을 수행한다.

　스포츠는 중립적이지 않은데도 중립적이고 순수한 육체의 향연이라고 믿는다. 올림픽은 정치적 행사이며 베를린 올림픽은 나치의 선전무대로 활용되었다. 양궁은 기록경기임에도 한국선수들의 메달 독식을 막기 위해 토너먼트로 경기방식이 바뀌었고 태권도 종주국인 한국은 출전체급의 제한을 받는다. 백인들이 메달을 많이 따는 수영은 메달 수가 가장 많다. 이와같이 스포츠에는 자본과 권력, 국가주의(nationalism)가 숨어있다. 경기규칙은 절대적으로 공정하지는 않으며 심판에게 강한 영향력을 행사하는 나라의 선수가 부당한 판정으로 승리했을 때는 심판의 판단을 존중해야 하며 오심도 경기의 일부라고 말한다. 스포츠는 중립적이지 않은데도 사람들은 그것이 중립적이라고 굳게 믿는다. 이러한 점에서 스포츠는 또다시 신화의 기능을 수행한다.

사람들이 스포츠에 열광하는 이유
- 스포츠는 온몸으로 표현하는 신체언어의 매력이 있고 육체적 활동을 통하여 욕망을 충족시킨다.
- 스포츠는 집단적 싸움으로서 박진감과 축제적 요소가 있다.
- 미디어 기술의 발전과 상업적 이벤트화, 스포츠의 상품화·문화산업화나 기업 등의 마케팅 전략, 권력의 불순한 의도(우민화 전략)도 스포츠의 인기에 한몫을 한다.
- 스포츠를 통하여 신분상승의 꿈을 이룰 수 있다는 현실적 이유가 있다.
- 역사적 상처나 콤플렉스를 스포츠를 통해 설욕하겠다는 보상심리도 있다.

4. 자본주의와 스포츠

- 자본주의의 발달과 함께 스포츠는 대중문화, 상업주의와 결합하여 보는 스포츠, 소비되는 놀이가 되어 삶과 유리되게 되었고 놀이 본래의 정신과 문화활동적 요소가 퇴색되게 되었으며 육체는 사회적 시선과 이미지의 상품화(아름다움)를 강요받는다.
- 스포츠는 건강, 욕망, 활력에 대한 대리만족의 이벤트가 되었고 감정의 유희나 충동을 표출하는 수단이 되었다.
- fair play를 모르는 승리지상주의는 소유지향의 혼탁한 정신세계로 빠뜨린다. 승부에 집착하다보면 상호인정의 놀이로서의 스포츠가 승자와 패자, 주인과 노예를 가리는 물화物貨의 놀이로 변질되게 된다.

- 필승 콤플렉스

필승 콤플렉스는 역사적 상처에서 비롯된 부정적 콤플렉스, 스포츠를 통해 굴욕을 설욕하겠다는 보상심리, 역사적으로 형성된 허위의식으로서의 이데올로기라는 견해가 있다.

반드시 이겨야 한다는 것은 현재 지고 있음을 전제로 하는 것으로서 이는 민족주의를 이용한 대중지배에 이용되고 필승의식은 대중들이 만들어 낸 파시즘적 기대심리의 효과로서 정치에 악용될 가능성이 있다는 것이다.

오늘날 스포츠는 상업주의와 결합하여 보는 스포츠, 소비되는 놀이, 대리만족을 위한 이벤트가 되어 삶과 유리되게 되었다.

96

제18절 여행
1. 일상으로부터의 탈출

여행을 떠나면 일과 생존투쟁의 제약에서 벗어나 새로운 눈으로 세상을 보게 된다.

일상생활은 반복적이고 진부하며 우리를 쳇바퀴 속에 묶어두고 있다. 사람들은 지루하고 버거운 일상으로부터의 탈출을 꿈꾼다. 여행을 통해 우리는 일상적 자아 밖으로 나와 안정된 환경에서 얻기 힘든 생각과 기억에 접근하게 된다.

여행은 일과 생존투쟁의 제약을 받지 않은 삶이 어떤 것인가를 보여준다.

- 알랭 드 보통

일상생활에서는 사물을 보지 않고 이용한다. 즉 사물의 도구성과 용도를 본다. 그러나 여행을 떠나서는 사물의 용도, 실용성을 떠나 새로운 눈으로 보게 된다. 새로운 장소는 새로운 생각을, 큰 광경은 큰 생각을 낳는다.

2. 여행의 중요성

여행을 떠나면 자유로운 눈으로 다채로운 세상을 보고 자신을 재발견할 수 있다. 낯선 것에 대한 체험은 깨달음을 준다. 여행을 떠나서는 우리 삶은 저렇게 작은 것이었냐고 반문하고 삶의 실체에 대하여 다시 생각하게 된다.

여행은 일상의 틀을 벗어나는 행위로써 무기력한 일상의 의식을 각성케 하고 일상의 삶을 되돌아보고 성찰하게 한다. 여행은 사소하고 지루한 일상에서 벗어나 존재를 환기시켜주는 인생의 필수불가결한 요소이며 자신을 재충전함으로써 일상생활을 건강하게 만든다.

여행은 낯선 것에 대한 체험을 통하여 우리에게 깨달음을 주고 재충전하게 하여 일상생활을 건강하게 만든다.

괴테(Goethe)는 공직생활을 하면서 고갈된 창작력을 충전하려는 욕구에서 37세의 나이에 이탈리아로 여행을 떠났다. 괴테는 여행을 통해 새로운 세계를 돌아보면서 눈과 마음을 열고 위대한 작품을 쓸 수 있는 영감을 얻었다. 그는 1년 반 동안 고대 및 르네상스 미술을 접하게 되면서 질풍노도의 어두운 정열에서 벗어나 많은 걸작을 남기게 되었다. 1773년에 집필이 시작된 파우스트는 1831년에 완성되었고 그 외에도 『젊은 베르테르의 슬픔(Die Leiden des jungen Werthers)』등 많은 작품을 남겼다.

괴테는 이태리 여행에서 고대 미술, 르네상스 미술을 접하게 되면서 새로운 안목을 갖게 되어 질풍노도의 어두운 정열에서 벗어나 많은 걸작을 남기게 되었다.

4. 인생을 변화시킨 여행 ②

1951년 아르헨티나의 학도이던 체 게바라(Che Guevara)는 친구와 함께 오토바이 한 대로 8개월 동안 남아메리카 여행을 하였고 그 기록은 『체 게바라의 모터사이클 다이어리』라는 책으로 출간되었다. 여행 중 그는 억압·착취, 가난에 허덕이는 사람들의 현실을 목격하고 사회적 불평등과 부조리한 체제를 타파해야겠다고 결심하게 된다.

체 게바라의 여행은 단순한 관광이 아니라 삶의 본질과 사회의 문제를 깨닫는 구도의 길이었다. 그는 1968년 쿠바혁명(Cuban Revolution)을 성공시키고, 아프리카 콩고의 해방을 위해 국제 게릴라부대를 이끌고 참전하였으며 남아메리카로 돌아와 볼리비아 해방을 위해 싸우다가 처형당했다. 체 게바라는 자신의 평안이 아니라 억압받는 사람들을 도와야 한다는 순수한 열정으로 평생을 살았고 영원한 혁명가(revolutionist)로 기억되고 있다. 그의 열정은 젊은 날 떠났던 여행에서 비롯되었다. 여행은 사람을 바꾸고, 그 사람은 다시 세상을 바꾼다.

체 게바라는 남미 여행을 하면서 억압, 착취, 가난에 허덕이는 사람들의 현실을 목격하고 혁명가로서의 삶을 꿈꾸게 되었다.

축제는 유희이며 그 본질은 위반, 일탈에 있다. 축제에서는 질서와 이성에 의해 억눌려 왔던 에너지를 분출한다.

축제는 유희이며 그 본질은 위반, 일탈에 있다.

축제가 지향하는 것은 조화가 아니라 혼돈이며 축제에서는 질서와 이성에 의해 억눌려왔던 에너지를 분출한다. 축제에서는 모든 기호들이 변조되고 뒤집어 지고 파괴되며(장 뒤비뇨『축제와 문명』), 카니발은 엄숙주의문화에 대한 전복과 해방의 힘을 갖고 있다(미하일 바흐친). 축제는 제도권 질서에 대한 반발을 표출하고 풍자를 통하여 기득권층에 대한 저항의식을 드러낸다.

리우 카니발에서는 빈민들도 가장 화려한 의상에 신체 노출까지 감행한다. 베니스 카니발에서는 축제 기간에 뽑힌 바보들의 왕에게 무조건 복종해야 한다. 축제 기간에는 가면을 쓰고 익명성을 확보하여 일탈행위에 대한 보복이 없도록 하였다.

2. 축제와 사회통합

축제는 계급 대립을 완화하고 기존 질서에 대한 백신의 기능을 함으로써 사회 통합에 기여한다.

축제는 본능과 감성에 충실한 유희를 쫓는 삶(비사회적인 삶)을 공동의 삶에 통합시키는 것이며 집단적인 실체의 표현양식으로 사회적인 것이다(미르치아 엘리아데-루마니아 신화학자).

축제에서는 질서(규칙)와 이성의 억압에서 벗어나 억눌린 에너지를 분출한다. 이 때문에 축제는 조금 불온해야 하며 축제에서 일탈행위를 통하여 불만을 공식적으로 분출함으로써 스트레스를 해소하고 해방감을 맛보게 한다.

축제에서는 욕망을 솔직하게 드러낼 수 있는 기회를 주고 하층민의 무례를 눈감아 주어 기존질서에 저항하지 못하게 한다. - 마르크스주의자들은 축제가 기존의 착취구조를 강화하기 위해 인민의 분노를 호도하는 기만적 허위라고 주장한다.

축제는 위와 같은 작용으로 계급대립을 완화하고 기존질서에 대한 백신(예방주사)의 기능을 함으로써 사회통합에 기여한다.

축제에서는 리듬과 비약이 있고 효용성보다는 재미를 추구한다. 축제를 통하여 함께 놀고 음식을 나누면서 친밀감을 높이고 서로 소통함으로써 사람들은 에너지를 충전하고 삶의 활력을 찾는다. 요컨대 축제는 일상에 활력을 불어넣고 생산성을 높이며, 현실을 객관적으로 성찰하게 한다.

사람들은 축제를 통하여 함께 놀고 친밀감을 높이고 서로 소통함으로써 에너지를 충전하고 삶의 활력을 되찾는다.

4. 축제와 시

사과가 나를 먹는다

시적 표현은 논리적으로는 말이 안되는 것처럼 보인다. 그러나 이러한 표현은 우리에게 세상을 보고 느끼는 새로운 시각을 제공한다.

장 뒤비뇨(Jean Duvignaud, 프랑스 인류학자)의 『축제와 문명』에 의하면 축제와 시는 일탈이라는 점에서 흡사하다. 즉 축제는 관습으로부터의 일탈이며 시는 일상의 문법과 논리성으로부터의 일탈이다.

축제는 혼돈 속에 진행되지만 그 나름의 질서가 있어 엉망진창인 채로 끝나지는 않으며 시적 언어도 말이 안되는 듯한 말들이 모여 새로운 의미를 구축하고 사물과 삶과 세상을 새롭게 보게 만든다.

섬돌가 귀뚜라미들이
낡은 고서들을 꺼내 되읽기 시작할 무렵

박성룡『메밀꽃』중에서

흙으로 빚어진 사과를 먹는다
사과가 나를 먹는다

함민복『사과를 먹으며』중에서

흙은 사과를 기른다. 사과는 흙으로 돌아간다. 흙으로 돌아간 사과는 내가 죽으면 나를 먹는다. 우주 만물은 모두 연결되어 있고 생명순환의 원리에는 예외가 없다. 시적 표현은 논리적으로는 말이 안되는 듯 하지만 우리에게 세상을 보고 느끼는 새로운 시각을 제공한다.

　지역축제를 관 주도로 하게 되면 형식적 측면이 강조되거나 지방자치단체장의 선심성 행사가 되기 쉬우므로 지역축제는 지역문화단체 등과 연계하여 주민의 자발적 참여가 보장되도록 하는 것이 바람직하다.

　지역축제는 지역의 특징적인 이미지와 지역의 차별성을 부각시키고 지역 문화의 계승발전과 지역공동체의 일체감을 구현시킬 수 있어야 하며 나아가 경제적 파급효과를 거두도록 함으로써 지역발전의 기회로 활용할 수 있도록 하는 것이 필요하다.

　지역축제는 현대인의 삶을 충분히 반영하여 풍성한 볼거리와 알찬 내용으로 현대적인 삶의 장을 보여줄 수 있도록 하는 것이 좋다.

지역 축제는 지역의 차별성을 부각시키고 풍성한 볼거리를 제공하여 주민의 일체감을 조성하고 지역발전에 기여할 수 있어야 한다.

제20절 웃음
1. 웃음은 대상과의 거리감을 통하여 발생한다

웃음은 예상과 다른 결과가 발생하였을 때, 익숙한 생각이나 고정관념과 다른 현상을 마주치게 되었을 때 발생한다. 풍자, 조롱에서 나오는 웃음은 거리감을 통해서 발생한다는 점에서 비판과 가깝다. 풍자는 과거에 주로 지배계층인 양반들의 허위와 위선을 꼬집고 지배체제를 비판하기 위한 수단으로 사용되었고 민중과 지배계층의 대립관계에서 생겨났다. 풍자는 그 대상에게 타격을 입힌다는 점에서 적대적이다. 웃음은 강력한 파급력을 가진 비판의 무기가 되기 때문에 전체주의 사회에서는 웃음이 통제의 대상이 되기도 한다. 상대방을 거리감을 두고서 바라보다가 그의 행동이 만약 자신의 일인 것처럼 느껴진다면 그때는 웃음이 나오는 것이 아니라 연민의 감정을 느끼게 된다. 즉 거리감을 상실하고 그것이 자신의 일인 것처럼 감정이입이 된다면 웃음은 슬픔으로 전환될 수 있다.

풍자, 조롱에서 나오는 웃음은 대상과의 거리감을 통해 발생한다.

2. 웃음의 사회성

웃음은 비판의 대상에게는 적대적이지만 같은 집단 내에서는 동류의식, 연대감을 강화시킨다.

　웃음은 부패한 현실, 주류문화를 비판하는 강력한 수단이 된다. 이 같은 풍자, 조롱으로 나오는 웃음은 대상에 대한 비판의식, 적대감으로 인한 거리 두기에서 나오는 것이지만 같은 집단 내에서의 웃음은 동료의식, 연대감을 강화시킨다. 웃음은 비판의 대상에게 적대적이지만 같은 집단끼리는 동질성, 연대감을 확보하게 된다. 동질감에서 나오는 웃음은 점차 확산되어 베르그송이 말한 웃음의 눈덩이 효과를 가져 온다. 이 때문에 웃음은 같은 집단 내일수록 전염성이 강하며 이질감을 느끼는 사람은 웃음의 대열에 동참하기 어렵다. 웃음은 이 눈덩이 효과와 결합하여 강력한 사회비판기능을 수행한다.

3. 웃음의 기능 ①

　웃음은 엔도르핀(endorphin)을 생성시킨다. 엔도르핀은 뇌하수체에 존재하는 호르몬으로 일종의 진통효과를 가지고 있는 것으로 알려져 있다. 엔도르핀은 잠시나마 현실의 고통을 잊게 하여 스트레스를 줄여 준다. 따라서 웃음은 즐거움을 주고 일상의 활력소, 삶의 원동력이 된다. 오늘날의 자본주의는 지나치게 많은 엔도르핀 생산에 골몰하고 있는 반면 엄숙한 율법이 지배하는 제정일치의 사회나 독재와 억압이 행해지는 전체주의 사회는 엔도르핀의 생성마저도 억제함으로써 웃음의 비판적 기능을 억제·제거하고자 한다. 건전하고 명랑한 웃음은 즐거움과 해방감을 주어 삶의 활력소가 되고 비판적 목소리를 유지하는 웃음은 사회를 건강하게 한다.

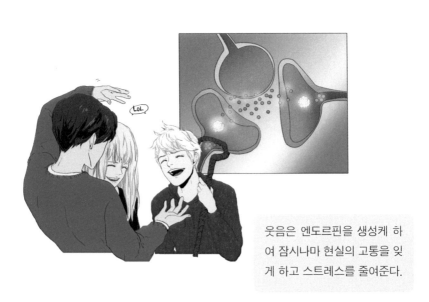

웃음은 엔도르핀을 생성케 하여 잠시나마 현실의 고통을 잊게 하고 스트레스를 줄여준다.

문학에서는 광대를 통하여 우스꽝스럽게 표현함으로써 재치와 은유를 통해 진실을 나타내기도 한다.

웃음은 딱딱한 지식을 알기 쉽게 설명하고 새로운 사유를 가능케 함으로써 새로운 지식을 얻는 출발점이 되기도 한다. 위대한 인물이 등장하는 비극과 달리 희극은 사람을 열등하게 묘사하거나 사람의 약점과 악덕을 보여주어 우스꽝스럽게 하고, 사물을 존재하는 방식과 다르게 표현하면서 재치와 은유를 통해 몰랐던 사실의 실상을 깨닫게 함으로써 진실에 도달하게 한다.

미하일 바흐친은 "웃음은 엄숙함과 마찬가지로 보편적 문제들을 제기하는 위대한 문학 속에 수용될 수 있으며 세계의 어떤 본질적인 측면은 오직 웃음을 통하여 접근할 수 있다"고 하였다.

5. 웃음을 죄악시한 중세 기독교 문화

구약성경에 나타나는 하나님의 웃음은 의기양양하고 경멸적이며 조롱이 섞여 있다. 예수는 한 번도 웃지 않았고 미소 짓지 않았다. 웃는 사람들은 바보들이거나 현명하지 못한 자들, 비 신앙인들, 이교도들이다. 구약과 신약에서는 웃음을 부정적으로 평가하였다.

유종영『웃음의 미학』중에서

중세유럽문화의 특성은 경직된 엄숙함 그 자체였으며 금욕주의, 섭리, 죄, 속죄를 강조하였다. 초기 기독교 교회는 웃음은 신이 아닌 악마로부터 온 것이고 농노로 하여금 주인된 기분을 느끼게 하여 세상을 불 지를 수 있으며 웃음은 신에 대한 불경이라고 하여 웃음을 비난하였고 변치 않는 엄숙함, 죄에 대한 참회와 슬픔을 강조하였다. 웃음에 대한 이러한 인식은 다음과 같은 글에서 볼 수 있다.

(호르헤 수도사의 말) 웃음은 허약함, 부패, 우리 육신의 어리석음입니다. 그것은 농부의 여흥, 주정뱅이의 방종으로, 지혜로운 교회도 잔치와 카니발과 장터의 시간, 이처럼 유머를 방출하고 다른 욕망과 야망을 가시게 하는 하루의 타락을 허용하였소…. 그렇더라도 웃음은 여전히 천박한 것이며, 어리석은 사람의 옹호, 서민을 위해 타락한 신비에 지나지 않습니다.

움베르토 에코『장미의 이름』

중세 유럽문화는 웃음을 비난하고 엄숙함, 죄에 대한 참회와 슬픔을 강조함으로써 사회 분위기를 무겁게 짓눌렀다.

청초, 순정

으으리이

우리가 TV에서 보는 연예인의 이미지는 복제 이미지, 모사된 이미지로서 시뮬라크르에 불과하다. 사람들은 이미지의 베일에 가려진 실재를 깨닫지 못한다. 이미지의 시대에는 가상현실이 현실을 대체하고 현실을 지배한다.

TV에서 보는 이미지와 실제 모습은 다르다. 이처럼 이미지는 있는 그대로를 자연스럽게 보여주는 것이 아니라 조작되고 만들어진 가짜이며 환상을 만들어 낸다.

그러나 오늘날은 이 가짜 이미지(pseudoimage)가 진짜를 압도한다. 다니엘 부어스틴(Daniel Boorstin)은 『이미지와 환상』에서 조작된 가짜 이미지를 따르고 신뢰한다는 점이 미국의 사회병리 현상의 주요 원인이라고 진단하였다.

> 사실이든 환상이든 이미지는 실체가 되었다. 이미지의 목적은 현실을 압도하는 것이다.
>
> 다니엘 부어스틴 『이미지와 환상』

자본주의 사회에서는 새로운 이미지를 계속 만들어 새 상품을 팔아야 한다. 이미지의 순간성은 소비와 관련되면서 자본주의의 병폐를 드러낸다.

2. 이미지와 현실

광고는 이미지를 만들어 소비자를 세뇌시키고 소비자에게 최면을 걸어 물건을 사게 한다. 광고가 만드는 이미지, 정치인들의 선거 홍보물 등은 현실을 은폐하고 변질시킨다.

광고는 이미지와 설명문의 수사학이라는 이중의 테러리즘을 사용하여 소비자를 유혹한다.

앙리 르페브르『현대세계의 일상성』

르네 마그리트(René Magritte)의 그림『이것은 파이프가 아니다』는 진짜 파이프가 아니라 종이와 물감(수성물감, 유화물감), 파이프라는 이름일 뿐 실제 파이프(현실)와 관계가 없다. 그러나 사람들은 그것을 파이프라고 생각한다.

이미지는 이제 전달수단이나 도구로서의 간접적 존재가 아니라 그 자체가 하나의 독립적 실체, 또 다른 현실이 되었다.

이미지는 실재(reality)가 아니라 자본과 권력, 미디어에 의해 만들어진 가상의 실재이지만 더 진짜처럼 느껴지며 현실을 압도한다.

그림 속에 파이프는 진짜 파이프가 아니라 종이와 물감, 파이프라는 이름일 뿐 실제 파이프와 관계가 없다. 사람들은 이미지를 현실이라고 생각한다.

우리는 사람, 사물을 실체가 아니라 이미지로 판단하기 때문에 남에게 어떻게 보이는지에 신경을 쓰고 이미지 관리에 목숨을 건다.

이미지는 실제의 사람이나 물건보다 더 많은 정보 전달력을 가지고 있기 때문에 우리는 사람, 사물, 사건 등을 실체로 판단하지 않고 이미지로 판단한다.

우리는 가짜가 더 진짜 같은 세상, 가상현실이 지배하는 세상, 이미지를 소비하는 사회에 살고 있으며 이 때문에 남에게 어떻게 보이는지에 신경을 쓰고 유행에 뒤떨어지지 않으려고 하고 남에게 웃으며 대하려 하는 등 이미지 관리에 목숨을 건다.

4. 모조품 소비

　현대사회에서 사람들은 소비를 통해 자신을 표현하고 가치를 드러내고자 하며 소비는 좋은 이미지를 유지하기 위한 수단이 된다. 모조품을 소비하는 사람들은 소유의 의미에 관심이 없고 자신이 가지고 있다는 사실만 중요하게 여기며 모조품의 거짓 합치 효과를 통하여 좋은 이미지를 유지하려고 애쓰기 때문에 능력이 안되면 모조품이라도 사게 된다.

　모조품을 소비하는 사람들은 모조품의 거짓합치효과를 통하여 좋은 이미지를 유지하려고 애쓰기 때문에 능력이 안되면 모조품이라도 사게 된다.

시골 길을 지날 때 상상도 못 했던 보랏빛 소가 나타나면 모두가 처다보게 되는 것처럼 소비자들은 보다 세련되고 눈에 확 들어오는 이미지를 가진 새로운 것에 매력을 느낀다.

디자인은 단순히 외관을 드러내는 것이 아니라 이미지를 형성하며 이미지는 소비자들의 선택의 중요한 기준이 된다.

이미지를 부각 시킬 수 있는 광고는 새로운 의미를 부여하게 되고 소비자들은 제품의 성능·차별성과 무관하게 그것을 새로운 제품으로 인식한다. 이 때문에 각 기업은 사고의 전환을 가져올 수 있는 새로운 디자인을 고안하고 차별화하고자 한다. 이미지를 효과적으로 노출시키는 것은 현대사회에서 살아남는 길이다.

형태와 외관은 의미와 내용을 드러내는 기제이다.

롤랑 바르트(Roland Barthes)

「보랏빛 소가 온다(purple cow)」의 저자 세스 고딘(Seth Godin)은 차별화된 이미지와 디자인을 확보하는 것은 현대의 무한경쟁에서 살아남는 마케팅 해법이 될 수 있다고 한다.

시골 길을 지날 때 상상도 못했던 보랏빛 소가 나타난다면 고개를 돌리고 처다보게 되는 것처럼 이미지를 소비하는 구매자들은 보다 세련되고 예뻐서 갖고 싶을 정도로 눈에 확 들어오는 새로운 그 어떤 것에 매력을 느끼게 된다는 것이다.

제22절 유행

1. 유행의 생성·발전

유행은 특정한 시기에 성행하는 복식, 두발의 형식, 행동양식이나 사상 등을 말한다. 유행은 동질성과 친화를 나타내면서 다른 집단과의 차별성을 드러내고자 하는 잠재의식으로서 침묵의 유대관계를 형성한다. 게오르그 짐멜(Georg Simmel)은 『유행의 심리학, 사회학적 연구』에서 유행의 메커니즘을 다음과 같이 설명하였다.

- 구성원들 사이의 균질성, 하류계층과의 차별성을 부각시키기 위해 상류계층에서 새로운 유행이 발생한다.

- 하류계층은 이를 모방하여 차별성이 없어진다.

- 상류계층은 차별화를 위해 다시 새로운 유행을 추구한다.

유행은 동질성과 친화를 나타내면서 다른 집단과의 차별성을 드러내고자 하는 잠재의식으로서 침묵의 유대관계를 형성한다.

광고는 이미지와 미사여구로 현실을 은폐하고 소비를 통하여 상류층의 일원이 될
수 있는 것처럼 느끼게 만든다.

광고는 이미지와 미사여구로 현실을 은폐하고 상품소비를 신화로 변질
시킨다. 광고는 그 상품을 얻으면 그 광고모델 또는 그 스타일을 누리는
집단의 일원이 된 것처럼 느끼게 만든다.

오늘날 소비행위는 자신의 존재의미를 드러내는 정신적·문화적 행위
이기 때문에 재화가 대량 생산되는 자본주의 사회에서 광고는 욕망을
생산하고 관리하며, 광고를 통한 물량공세, 라이프 스타일에 대한 기호
의 강조, 기대수요 조작, 각인 효과 등을 통해 새로운 유행과 소비패턴
을 낳는다.

3. 유행의 역기능

아무런 결함이 없는 제품을 유행이 지났다는 이유로 폐기하기도 하므로 유행은 경제적 낭비와 손실을 초래한다.

광고는 새로운 유행과 소비 패턴을 낳는다. 그러나 광고에 자극되어 발생한 욕망은 허위 욕망일 수도 있으며 우리는 실체가 아닌 것에 속박되어 상업주의의 감옥이라는 허구의 세계에 갇히게 된다.

아무런 결함이 없는 제품을 유행이 지났다는 이유로 폐기하기도 하므로 유행은 경제적 낭비와 손실을 초래한다.

유행은 구매력이 없는 사람들에게 위화감을 조성하고, 구매력이 있는 사람의 만족감도 기대만큼 크지 않다. 그들이 느끼는 만족감은 일시적이거나 소외되지 않았다는 정도에 그치는 경우가 많다.

경제적 이익을 노린 소수에 의해 계산되고 조작되어 나타난 유행은 획일화, 몰개성화를 가져오고 문화를 풍요롭게 하는데 기여하지 못한다.

그러나 군중심리에 무비판적으로 휩쓸리지 않고 대중의 삶 속에서 자발적으로 형성되어 삶을 반영하는 유행은 삶에 새로움과 활력을 주고 문화를 풍요롭게 할 수 있다.

제23절 광고
1. 욕망, 소비와 광고

광고는 자본주의 사회에서 욕망을 생산하고 관리하는 메커니즘이다.

자본주의 사회에서 우리는 광고의 홍수 속에 살고 있다. 제임스 트위첼 (James B. Twitchell)은 『욕망, 광고, 소비의 문화사』에게 "상업주의 광고는 물이고 우리는 물고기"라고 하였다. 나아가 그는 "물고기에게 사고력이 생긴다 해도 물에 대해서 생각하게 되기는 힘들 것"이라고 하였다.

광고는 현재 소유하고 있는 모든 것에 대해 만족 대신 불만을 갖도록 만드는 기술이다.

제임스 트위첼은 『욕망, 광고, 소비의 문화사』에서 광고는 인간의 본성 안에 있는 욕심을 이끌어 낼 뿐 광고가 우리를 타락시키는 것은 아니라고 하면서 광고는 바로 우리 자신이며 인간 본성에 대한 자각이 필요하다고 하였다.

그는 인간의 욕구와 갈망을 체계적으로 정리하고 만족시켜 주는 다른 체제가 도래하기 전에는 상업주의와 그와 수반되는 문화는 끊임없이 전진하며 번성하고 승리를 쟁취할 것이라고 하였다.

자본주의 사회에서 상업주의 광고는 물이고 우리는 물고기와 같다. 물고기가 물에 대해 생각하기 힘들 듯 우리도 마찬가지다.

2. 광고는 시대의 상징·기호

광고에는 그 시대를 살아가는 사회구성원들의 욕구와 이상이 담겨 있다.

광고는 사회의 흐름이 반영되는 그 시대의 상징, 그 시대의 삶의 기호로서 사회 구성원들의 욕구와 이상이 반영되어 있다. 광고는 소비사회의 속성과 현대인의 일상성을 이해할 수 있는 하나의 척도가 된다.

과거에는 가족주의, 집단주의 가치관을 나타내는 광고가 많았으나 현대에는 개인주의 가치관을 나타내는 광고의 비중이 늘어났다. 또 유용성, 기능, 효용을 표현하는 광고보다는 개성, 차별화 등으로 이미지, 상징주의 가치관을 표현하는 광고가 늘어났고 인간의 자연지배, 물질주의 가치관을 표현한 광고보다 삶의 질, 분위기, 친환경, 생태를 강조하는 광고가 많아졌다.

3. 광고의 역기능

광고는 반복을 통해 사람들에게 이미지를 주입하여 소비자를 세뇌시킨다. 광고는 제품에 대한 정보전달을 넘어 인간의 의식과 생활양식을 일방적으로 규정한다.

광고는 차별화를 위해 상징과 이미지를 만들어내고 자극적 표현을 사용하여 욕망을 부추기고 현란한 이미지와 수사로 기대수요를 조작한다.

광고는 대중을 재생산한다. 광고는 자본에 대한 사랑과 믿음을 가르치고 인간을 소비자로 만든다.

광고는 경제력, 외모를 다른 가치보다 중시하여 경제력과 외모에 따라 서열화하고, 천편일률적 기준을 강조하여 개인의 주체성과 자존심에 상처를 주고 사회 갈등을 유발한다.

광고는 경제력에 따라 사람을 차별화하고 자존심에 상처를 준다.

121

4. 광고의 가장 중요한 임무

오늘날 광고의 가장 중
요한 임무는 이미지를
생산하여 소비자도 그처
럼 될 수 있다고 착각하
게 만드는 것이다.

　자본주의 시장경제의 경쟁시장에서 상품은 너무나 많이 존재하고 있고 제품의 질 또한 대부분 우수하기 때문에 자사의 제품이 우수하다는 주장은 설득력이 약화되었으며 소비자들은 상품 자체의 성능과 특성만을 이유로 소비하지 않는다. 소비자들은 상품을 구매함으로써 그 상품의 광고모델이 갖는 이미지 또는 광고의 배경화면이 가져오는 우아한 분위기 등 상품이 표현하는 이미지를 함께 소비하고자 한다.

　앙리 르페브르(Henri Lefebvre)는『현대세계의 일상성』에서 중요한 것은 상품이 아니라 상품이 표현하고 있는 이미지라고 하였다.

　과거에 광고는 새로운 제품을 소개하고 그 제품의 기능과 효용에 대한 정보를 소비자들에게 전달하는 제품의 보조자 역할을 하였다. 그러나 오늘날 소비자들은 제품이 표현하는 이미지를 구매한다. 따라서 광고의 주된 임무는 이미지를 생산하고 관리하는 것이다. 예컨대 제품의 광고모델이 사용한다고 하는 제품을 구입하면 소비자 자신도 그처럼 아름다워질수 있다고 착각하게 만들어 그 제품의 이미지를 소비하도록 유도한다.

5. 광고가 제품 구매에 미치는 영향

광고는 기업의 주장을 반복적으로 주입시켜 우리의 의식에 식민지를 만들어 지갑을 열게 한다. 광고는 그 제품이 가장 널리 인정받는 것임을 강조함으로써 사람들의 욕망을 부추기고 모두가 좋아하는 상품을 사지 않으면 시대에 뒤떨어지고 집단에서 소외될지 모른다는 불안감을 불러 일으켜 소비를 강요한다.

광고에 나오는 제품을 사용하면 상류계층의 일원이 되고 광고 모델처럼 예뻐지고, 세련된 취향을 갖춘 성공한 사람이 되어 미래가 달라지고 꿈을 이루게 되어 행복하게 된다는 환상을 심어준다.

광고 천재 바넘(Barnum)의 광고 문구
- 평생에 단 한 번뿐인 기회, 놓치지 마십시오!
- 한정판, 수집가가 믿기 어려울 정도로 싼 특별 할인가!
- 도산으로 인한 최후의 폐업 대매출! 전 품목 완비!
- 저희는 영원히 문을 닫습니다. 다시없는 기회!
- 유례없는 행사! 직접 확인하십시오.

위의 문구들은 작성된 지 200년이 넘었음에도 아직까지 광고의 공식처럼 사용되고 있다.

광고는 기업의 주장을 반복적으로 주입시켜 우리의 의식에 식민지를 만들어 지갑을 열게 한다.

6. 입소문(구전) 마케팅

오늘날은 누구나 광고를 보고 있지만 광고가 사실이 아닌 허구의 이미지라는 것을 알기 때문에 광고 때문에 제품을 구매하지는 않는다. 광고의 홍수 속에서 광고의 효과는 예전 같지 않다.

오늘날은 인터넷 등 새로운 커뮤니케이션 수단의 발달로 소비자 상호 간의 의사소통과 정보교류가 촉진되어 광고의 일방적인 이미지 주입이 어렵게 되었고 사람들은 이미지의 홍수 속에서 광고를 무턱대고 믿지는 않는다(광고의 죽음).

산업의 특성상 광고로 제품별 차이를 특별하게 부각시키기 어려운 분야가 있다. 예컨대 개인용 컴퓨터는 부품마다 다른 회사의 제품을 사용하여 조립하고 완제품은 그 차별성을 부각시키기 어렵기 때문에 기대만큼 광고효과를 거두기 어렵다.

오늘날 소비자들이 구매하는 데 직접적인 영향을 미치는 것은 그 제품에 대하여 많은 지식과 경험을 가지고 있는 주변 사람들의 조언이며 사람들은 광고전략을 의심하고 주위의 조력자를 구하기 위해 노력한다.

이 때문에 기업들은 광고를 대체할 새로운 커뮤니케이션 수단은 전통적인 구전(입소문)이라는 행위라는 생각에서 애호가, 전문가, 택시기사들의 입소문을 이용한 광고 전략을 구사하기도 한다.

오늘날 사람들이 광고를 잘 믿지 않고 그 제품에 대하여 많은 지식과 경험을 가지고 있는 주변 사람들의 조언을 믿는 경향이 있기 때문에 기업들은 입소문을 이용한 광고전략을 구사하기도 한다.

7. TV가 소비에 미치는 영향

TV는 이미지를 통한 시각효과가 크기 때문에 소비자의 시선을 사로잡아 구매를 유도한다.

TV는 이미지를 통한 시각효과가 크기 때문에 소비자의 시선을 사로잡아 구매를 유도한다.

PPL(product placement)은 방송에 물건을 배치하여 소비자에게 보여주는 간접광고인데 이는 대중에게 그 물건의 구매를 부추기는 효과가 있다.

TV는 일상화 되지 않았던, 이제까지 별 필요성을 느끼지 못했던 물건을 일상적인 생활필수품인 것처럼 여기게 만든다. 예컨대 황사 때문에 공기정화기가 꼭 필요하고 아토피 때문에 친환경 벽지가 필요하다고 느끼게 한다.

8. 과장광고를 믿는 이유

과장 광고를 믿는 것은 복권이 이루어 줄 꿈을 원하는 심리와 유사하다.

제임스 트위첼

　　제임스 트위첼(James B. Twitchell)은 『욕망, 광고, 소비의 문화사』에서 "사람들은 기만당하기를 좋아한다"라고 하면서 사람들은 광고 문구가 사실이 아닌 것을 알면서도 자신의 물건에서 다른 것과 구별되는 의미를 찾고 싶어 하기 때문에 과장광고를 믿는다고 하였다. 그는 그것은 복권이 이루어 줄 꿈을 원하는 심리와 유사하다고 하였다.

　　미국 대중의 취향을 과소평가해서 손해 본 사람은 아무도 없다.

바넘(Barnum)

　　지금 이 순간에도 속기 위해 태어나는 사람이 있다.

바넘(Barnum)

판매업자는 이미 높은 가치를 부여받아 특권층이 향유하고 있는 예술을 광고와 결합시켜 그 제품이 고급문화와 관련이 있는 것처럼 소비자를 현혹시키기 위해 예술을 이용한다. 이는 결합가치(associated value)를 통해 시너지 효과(synergy effect)를 내기 위한 것이다.

쓰레기와 골동품의 차이는 그것이 어디 있는가에 달려 있을 때가 종종 있다. 광고가 끝없이 예술을 탐하는 이유는 자본주의가 낳는 천박함이라는 그 태생적 한계를 극복하기 위한 것이다.
　　　　　　　　　　　　제임스 트위첼 『욕망, 광고, 소비의 문화사』

판매업자는 그 제품이 고급문화와 관련이 있는 것처럼 소비자를 현혹시키기 위해 예술을 이용한다.

제24절 문화에 관한 명언

Culture has necessary relations with survival conditions of human.

문화는 인간의 생존조건과 필연적 관련성이 있다.

문화는 인간의 정신활동의 산물이지만 특정한 자연환경속에서의 생존조건과 필연적 관련성이 있다. 에컨대 중동지역에서는 돼지가 중동의 덥고 건조한 기후에 적응하기 힘들고 젖도 짤 수 없고 털로 옷감도 짤 수 없기 때문에 금기시 된다. 또 인도에서 소는 생활에 없어서는 안되는 존재이기 때문에 신성시된다.

Civilization gap is originated from differences of environmental conditions.

문명 격차가 발생하게 된 원인은 환경적 조건의 차이에서 기인한다.

- 제러드 다이아몬드

식량 생산에 유리한 환경, 이동에 유리한 지형조건, 가축을 사육하여 병원균에 면역력을 가지게 된 환경적 조건 등이 문명 격차를 발생시켰다.

High-context society understands objects and personal from overall contexts.

고맥락 사회에서는 사물과 개인을 전체적 맥락 속에서 이해한다.

- 에드워드 홀

고맥락 사회는 개인이 주변의 영향을 많이 받고 개성추구에 소극적이며 모난 돌이 정 맞는다는 속담이 적용된다. 농경문화로 중앙집권적 국가를 이루었던 동양사회는 고맥락 사회로서 전체적 맥락 속에서 사물을 파악하고 관계와 조화를 중시한다.

The conflict after the cold war is not caused by ideo-logical conflict but by clash among different civiliza-tions.

냉전 시대 이후의 분쟁은 이념 갈등이 아니라 서로 다른 문명 간의 충돌에 의해 야기 된다.   − 새뮤얼 헌팅턴

새뮤얼 헌팅턴은 냉전 시대 이후의 분쟁은 자본주의와 공산주의의 이념 갈등에 의한 분쟁이 아니라 서로 다른 문명 간의 충돌이 핵심이고 특히 종교가 중요한 갈등의 요소가 될 것이라고 주장하였다.

Popular culture is not only cultural fabrication hav-ing been made by governing system but also illusion made by culture industry.

대중문화는 지배체제가 만들어 낸 문화조작이며 문화산업이 만들어낸 환상이다.

프랑크푸르트 학파에서는 대중문화가 가지는 상업성과 선정성에 주목하여 대중문화는 자극적 오락거리와 감각적 쾌락을 제공함으로써 현실도피를 유도하고 비판능력과 개선의지를 상실케 하여 지배체제에 순응하게 한다고 비판하였다.

Popular culture is the place where clashes and con-flicts between governing culture and resisting one occurs.

대중문화는 지배문화와 저항문화의 충돌·갈등이 일어나는 곳이다.

대중문화는 지배계급이 헤게모니를 장악하여 대중을 길들이려는 시도와 이에 반대하는 움직임이 혼재되어 있는 곳이며 지배문화와 저항문화가 충돌·갈등을 일으키는 곳이다. 양자가 평형을 이루는 곳에서 타협이 이루어지고 대중문화의 모습이 결정된다. 따라서 대중문화의 모습은 항상 변한다.

Mass public culture has been developed in line with expansion strategy of the mass market.

대중문화는 대중시장 확대전략의 일환으로 발전하였다.

자본주의는 끊임없이 시장을 확대해야 하는데 오늘날은 식민지 획득을 통한 시장확대는 불가능하다. 따라서 이제껏 시장의 영역에 포함되어 있지 않던 문화의 영역을 시장으로 끌어들이고자 하는 시장확대 전략의 일환으로 대중문화가 발전하였다.

Media are messages. All forms of media are the expansion of human beings.

미디어는 메시지다. 모든 미디어는 인간존재의 확장이다. - 마셜 맥루언

오늘날 미디어 기술은 인간의 중추신경을 확장시키고 전세계를 연결시키게 되었다. 오늘날은 미디어라는 기술 자체가 메시지보다 더 중요한 의미를 갖게 되었다는 것인데 마셜 맥루언은 새로운 미디어 기술이 가져올 파장을 예리하게 분석하였다.

The power of mass public culture is determined by who obtains the state-of-the art.

대중문화 분야에서는 첨단기술을 누가 보유하고 있는가에 따라 힘의 강약이 결정된다.

자본주의는 대중문화의 판도와 지형마저 바꿔나가고 있다.
오늘날 대중문화에서는 새로운 복제기술, 영상기술의 소유가 경쟁의 핵심수단이 되고 대량복제와 대량유통에 유리한 기술투자, 고가의 첨단장비를 갖춘 대자본의 영향력이 커지게 된다.

Nowdays, culture is produced and sold as one commodity by being exploited commercially and economically.

오늘날 문화는 상업적·경제적으로 이용되어 하나의 상품으로 생산·판매된다.

오늘날 시장경제는 생활의 모든 영역을 장악하고 있으며 지금까지 상업의 영역에서 벗어나 있던 문화마저도 상품의 영역으로 편입되고 있다. 영토확장을 통한 시장확대가 한계에 부딪치자 자본주의는 시장의 영역에 포함되지 않았던 생활영역으로까지 침투하게 된 것이다. 결국 자본주의 사회에서는 시장경제가 모든 것을 잠식한다.

Culture industry makes the public passive humans to the authority by manipulating them.

문화산업은 대중을 조작하여 권력에 수동적인 인간으로 만든다.
문화가 상품화되어 생산자의 일방적인 이데올로기를 전달하게 되면 생산자(기업, 권력 등)의 권력에 수동적인 인간을 양산하게 되어 대중은 무비판적으로 소비하거나 문화상품 생산자의 논리를 그대로 수용하게 된다.

Star marketting is willing to tie consumers with specific commodities by making emotional, sentimental connection ring between the public and commodities.

스타 마케팅은 대중과 상품의 감정적·정서적 연결고리를 만들어 소비자를 특정상품에 묶어 두려고 한다.

대중적 인기를 갖춘 스타는 소비자 확보, 이윤창출에 대한 안전장치, 보조장치로 활용된다.

The sun of information society is being faded out.

정보화 사회의 태양이 지고 있다.

- 롤프 옌센

정보의 독점은 끝났고 인터넷은 경계가 없다. 따라서 미래의 전쟁은 이야기의 전쟁, 콘텐츠 전쟁이며 감성과 아이디어를 갖춘 문화 콘텐츠, 소프트 파워가 세계를 지배하게 될 것이다.

Culture decides the future of mankind and destination of Earth.

문화는 인류의 미래와 지구의 운명을 결정한다.

The world of myth is alive in sports that is expelled by reason.

스포츠에는 이성이 몰아낸 신화의 세계가 살아있다.

스포츠에서는 인간의 공격성과 본능이 적나라하게 드러나고 용인된다. 경기장에서 관중들은 흥분과 쾌감, 삶의 희열을 느끼고 좋아하는 팀에 환호를 보낸다.

Travels show what is the free life from works and survival fights.

여행은 일과 생존투쟁의 제약을 받지 않는 삶이 어떤 것인지를 보여준다.

– 알랭 드 보통

여행은 매일 반복되는 일상에서 벗어나 새로운 경험을 하게 하고 다른 나라 사람들의 사고방식을 간파할 수 있게 해 준다. 따라서 여행을 통해 우리는 일상적 자아 밖으로 나와 새로운 눈으로 사물을 보게 되고 새로운 생각을 하게 된다.

Travels change persons, and they exchange the world again.

여행은 사람을 바꾸고 그 사람은 다시 세상을 바꾼다.
일상에서 벗어나 자유로운 눈으로 다채로운 세상을 보게 되면 새로운 깨달음을 얻게 되어 변화를 모색하게 된다.

Travel is the search for exotic experiences.

여행은 색다른 경험을 찾아 나서는 것이다.

True journey consists not in seeking new landscapes but in having new eyes.

진정한 여행은 새로운 경치들을 찾는 데 있는 것이 아니라 새로운 눈을 갖는 데 있다.

Continual improvement is an unending journey.

계속적인 향상은 끝없는 여행이다.

A man travels the world over in search of what he needs and returns home to find it.

인간은 자신이 필요로 하는 것을 찾아 세계를 여행하고 집에 돌아와 그것을 발견한다.

The festival is entertainment and its essence exists for violation and deviation.

축제는 유희이며 그 본질은 위반, 일탈에 있다.

축제는 질서와 이성에 의해 억눌려 왔던 에너지를 분출함으로써 불만을 해소하고 해방감을 맛보게 한다.

The festival functions as vaccine for the existing social system.

축제는 기존사회체제에 대한 백신 기능을 한다.

축제는 억눌린 에너지를 분출하게 하고 일탈행위를 통해 불만을 공식적으로 분출하게 함으로써 계급대립을 완화시키고 사회통합에 기여한다.

Laughs occur from the distance to objects.

웃음은 대상과의 거리감을 통해서 발생한다.

웃음은 예상과 다른 결과가 발생하였을 때, 익숙한 생각이나 고정관념과 다른 현상과 마주치게 되었을 때 발생한다.

Laughs become strong means of criticizing corrupt reality and mainstream culture.

웃음은 부패한 현실, 주류문화를 비판하는 강력한 수단이 된다.

카니발의 언어는 뒤집기와 비틀기, 패러디로 지배적 진리와 권위를 풍자·조롱함으로써 부패한 현실, 주류문화를 비판한다.

Humor is the grease and glue of life.

유머는 인생의 기름이자 풀이다.

웃음은 어색한 분위기를 깨뜨려 분위기를 부드럽게 한다.

Laugh is a tonic of life.

웃음은 삶의 활력소다.

God invented humor to keep the whole thing from collasping.

신은 모든 것이 무너지는 것을 막기 위해 유머를 발명했다.

Humor can take pain playfully.

유머는 아픔을 장난스럽게 다룰 수 있다.

Humor can help you smile through the unbearable.

유머는 참을 수 없는 일을 웃음으로 이겨낼 수 있게 한다.

Humor has the power to turn any situation around.

유머는 그 어떤 상황이라도 바꿀 수 있는 힘이 있다.

Comics stand the world upside down.

코믹한 것은 세상을 거꾸로 세운다.

Humor acts to relieve fear.

유머는 두려움을 덜어낸다.

Humor can help you tolerate the unpleasant and cope with the unexpected.

유머는 불쾌한 것을 너그럽게 보게 하고, 예상치 못한 일을 감당하게 한다.

Through laughter, we gain relief from life.

웃음을 통해 우리는 인생에서 안도감을 얻는다.

Laughter is really effective weapon.

웃음은 정말 효과적인 무기다.

웃음은 분위기를 부드럽게 하여 공격성과 적개심을 완화시킨다.

If we couldn't laugh, we would all go insane.

웃을 수 없다면 우리는 모두 돌아버릴 것이다.

He who laughs, last.

웃는 사람이 승자.

Laughter is inner jogging.

웃음은 마음의 조깅

Laughter is the closest distance between two people.

웃음은 두 사람 사이의 가장 가까운 거리.

Laughter closes distance between two people.

웃음은 사람들 사이의 거리를 좁혀 준다.

Laughter can help relieve tension in even the heaviest of matters.

웃음은 가장 힘겨운 상황에서도 긴장을 완화시켜 준다.

Laughter is a tranquilizer with no side effects.
웃음은 부작용 없는 진정제
The most wasted of all day is one without laughter.
가장 의미 없이 보낸 날은 웃지 않고 보낸 날이다.

People define a familiar way of life as civilization and
something unfamiliar as barbarism.
사람들은 자기에 익숙한 삶의 방식을 문명이라고 하고 낯선 것을 야만이라
고 한다.

사람들은 각자 자기의 편견에 따라 그것을 시비의 표준으로 삼는다. 내가 하
면 로맨스, 남이 하면 불륜이고, 내가 하면 투자, 남이 하면 투기이다.

When a man wants to kill a lion he calls it sports;
when a lion wants to murder him, he calls it ferocity.
인간이 사자를 죽이려고 하는 것은 스포츠라고 하고, 사자가 사람을 죽이려
고 하면 그것은 만행이라고 한다.

– 버나드 쇼

The true barbarian thinks everything barbarous but
his own tastes and prejudices.
진짜 야만인은 자신의 취향과 편견을 제외한 모든 것을 야만스럽다고 생각
한다.

Civilization and technological development are not
consistent with the development of human spirit.
문명과 기술발전은 인간 정신의 발전과 일치하지 않는다.

136

유대인 학살은 그 당시 기술과 문명이 발달한 독일에서 자행되었다. 인간의 의식 수준은 과학기술의 발전 속도에 비례하여 발전하지 않으며 문명과 기술 발전은 불평등, 탐욕, 폭력, 이기심을 증대시키기도 한다. 테러와 전쟁이 줄어 들지 않고 있는 것은 이를 말해준다.

Persecution is used in theology.

박해는 신학에서 사용되었다.

The concept of cleanliness and dirtiness can be relative depending on a situation and context.

깨끗함과 더러움의 관념은 상황과 문맥에 따라 상대적이다.

쓰레기와 골동품의 차이는 그것이 어디 있는가에 달려 있을 때가 종종 있다.

 − 제임스 트위첼

우리의 믿음, 분류체계를 기준으로 혼란시키는 관념 또는 장소에 맞지 않는 사물이 있을 때 예컨대 신발이 식탁에 있거나 음식이 욕실에 있을 때 사람들 은 더럽다고 한다.

 − 메리 더글러스

사람들은 사회적·문화적 분류체계에 맞지 않는 것들을 불순물로 간주하여 비 정상·일탈적인 것으로 낙인찍는다.

 − 메리 더글러스

One man's mess is another man's collection.

한 사람의 쓰레기가 누군가에게는 수집품이 된다.

There is only one step from the sublime to ridiculous.

숭고함에서 우스꽝스러움까지는 단지 한 걸음이다.

Just because admitting and respecting cultural difference do not mean that all the acts of other cultures are ethically justifiable.

문화의 차이를 인정하고 존중한다는 것이 다른 문화의 모든 행위가 윤리적으로 정당화될 수 있다는 것을 의미하는 것은 아니다.

문화상대주의는 다른 문화의 차이를 인정하고 존중한다는 것이지 인간을 인간으로 존중하지 않는 모든 비윤리적 행위마저 존중한다든가 존재하는 모든 것은 유용하다는 가치무정부주의적 입장은 아니다.

Everything we see is a perspective, not the truth.

우리가 보는 것은 관점이지 진실이 아니다.

Forgive him, for he believes that the customs of his tribe are the laws of nature.

그를 용서하라, 왜냐하면 그는 그의 부족들의 관습이 자연의 법칙들이라고 믿기 때문이다.

Just learning to think in another language allows you to see your own culture in a better viewpoint.

단지 다른 언어로 생각하는 것을 배우는 것만으로도 자신의 문화를 보다 나은 관점으로 보게 한다.

Orientalism is an imaginary boundary that resulted from prejudice, distortion and fantasy.

오리엔탈리즘은 편견, 왜곡, 환상에서 기인하는 상상 속의 경계선이다.

– 에드워드 사이드

오리엔탈리즘은 서양인을 중심으로 비서구 사회의 주민과 문화와 가치를 부정하고 그들을 이질시하고 타자화해 온 서양인의 의식, 제국주의 지배의 대상으로 넣고자 하는 총체적인 힘, 동양을 지배하고 종속시키기 위한 암묵적 계획일 뿐 실체적 진실과는 거리가 멀다.

Stereotypes are devices for saving a biased person the trouble of learning.

고정관념은 편견을 가진 사람들에게 배우는 불편함을 면하게 해주는 장치들이다.

Modern human race can be referred to as digital nomad or business gypsy.

현대의 인류는 디지털 유목민 또는 비지니스 집시라고 할 수 있다.

정보화시대의 인간은 다양한 정보통신기술을 활용하여 이동하면서 업무를 처리한다.

When it comes to consumption and culture, personal taste serves as a symbolic barometer to stand for a social rank.

소비와 문화생활에 있어서 개인의 취향은 사회적 신분을 드러내는 상징적 지표가 된다.

- 피에르 부르디외

차별화된 소비와 취향은 문화적 위계를 반영한다. 민중계층은 필요를 중심으로 선택하고 실용적인 것을 중시하는 반면에 지배계급의 취향은 차별화·감각을 특징으로 하고 학습시간을 투자해야 누릴 수 있는 것을 선호하고 브랜드, 느긋함, 즐거움을 중시한다.
고상함, 품위, 교양, 지식 등 문화 자본에 있어서의 우월적 지위는 경제적 자본, 인맥의 우위로 이어져 문화적 장벽을 만들고 사회적 계층구분을 재생산한다.

Image has become an independent reality and alternate reality on its own.

이미지는 그 자체가 독립된 실재이자 또 다른 현실이 되었다.

- 다이넬 부어스틴

오늘날 이미지는 많은 정보전달력을 가지고 있기 때문에 우리는 사람, 사물을 이미지로 판단한다. 이미지는 실재가 아니라 가상의 실재이지만 더 진짜처럼 느껴지며 현실을 압도한다. 따라서 이미지는 이제 전달수단이나 도구가 아니라 그 자체가 독립된 실재, 또 다른 현실이 되었다.

Fashion is made to become unfashionable.

유행은 유행에 뒤떨어질 수밖에 없도록 만들어진다.

Change in fashion is just a way of making people spend more money.

유행의 변화는 사람들로 하여금 돈을 더 많이 쓰게 하기 위한 방법일 뿐이다.

Fashion is a form of ugliness so intolerable that we have to alter it every six months.

패션은 참을 수 없이 추한 것이어서 6개월마다 바꾸어 주어야 한다.

– 오스카 와일드

A fashion is nothing but an induced epidemic.

유행이란 유도된 전염병이다.

Trend emerges to emphasize homogeneity within the same class and differentiate themselves from the lower class.

유행은 동류집단 사이의 균질성, 하류계층과의 차별성을 부각시키기 위해 생겨난다.

– 게오르그 짐멜

Advertisements give birth to a new trend and consumption pattern.

광고는 새로운 유행과 소비패턴을 낳는다.

Only dead fish swim with the stream.

죽은 물고기만이
물결을 따라 흘러간다.

광고는 라이프 스타일에 대한 기호를 강조하고 기대수요를 조작함으로써 새
로운 유행과 소비패턴을 낳는다. 생각 없이 유행을 따르는 사람들은 물결을
따라가는 죽은 물고기와 같다.

Advertisement is a way of making people dissatisfied with their current belongings.

광고는 사람들이
현재 갖고 있는 것들에 대해
불만을 갖도록 하는 기술이다.

Advertisement is a mechanism to produce and control a desire.

광고는 욕망을 생산하고 관리하는 메커니즘이다.

광고는 기업의 주장을 반복적으로 주입시켜 소비자를 세뇌시키고 욕망을 부추기며, 화려한 이미지와 현란한 수사를 사용하여 수요를 조작하고 불안감을 조성하여 소비를 강제한다.

광고는 인간을 소비자로 만든다.

Advertisement turns a person into a consumer.

광고는 상징과 이미지를 만들어 내고 자극적 표현을 사용하여 욕망을 부추기고 필요하지도 않은 물건을 필수품으로 둔갑시켜 인간을 소비자로 만든다.

2

예술

제2장 예술

제1절 예술에 대한 이해

1. 예술은 새로움을 추구한다

예술은 항상 새로움을 추구한다. 예술은 세상과 사물을 다르게 보고자 하며 현실에서 보이는 것들을 끊임없이 회의하고 뒤집어 보는 실험적 성격이 있기 때문에 기존의 가치·질서와 충돌이 뒤따른다. 예술은 사회적 가치를 부정하는 상투성에 대한 반란이며 사회통념과 충돌된다. 예술은 파격, 낯설게 하기를 통하여 기존의 체제나 인식으로부터 벗어나고자 하며 그것이 사회발전, 새로운 사회창조의 동력이 되기도 한다. 들뢰즈 (Deleuze)는 이를 탈영토화 운동이 재영토화되는 것이라고 표현하였다.

모더니즘 이후 미학에서는 전통적 아름다움의 모델에서 탈피하고자 하였고 새로운 것, 낯선 것이 새로운 미의 기준이 되었다. 예술은 반복되는 일상의 진부함에서 벗어나 특유한 무엇을 추구하는 과정에서 그 가치가 산출된다. 예술을 통해 우리는 일상에서 더 많은 가치와 의미를 발견하게 되고 삶은 더욱 풍요로워진다.

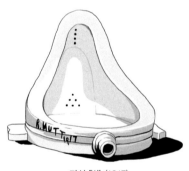

뒤샹, 「샘」(1917)

뒤샹은 예술가가 공들여 만든 것만이 예술이 아니며 예술가가 소변기를 선택하여 예술작품이라고 부르면 그것도 엄연한 예술이라고 하였다. 이것은 예술작품에 작가의 땀과 정서가 담겨 있어야 한다는 기존 미술의 역사와 관습을 정면으로 부정한 것이다. 예술은 항상 새로움을 추구한다.

2. 아이디어도 예술이다

뒤샹, 「자전거 바퀴」(1913)

뒤샹은 기성품인 자전거 바퀴를 미술의 주인공으로 등장시켜 아이디어도 엄연한 미술이라고 하였다. 정교한 바퀴살과 단단한 바퀴체의 아름다움은 창작품에 뒤지지 않고 거꾸로 세워진 바퀴의 조형미도 조각품에 못지않다는 것이다.

뒤샹은 예술가가 공들여 만든 것만이 미술이 아니라고 하였다. 뒤샹에 의하면 예술가가 어떤 물건을 선택하여 미술작품이라고 부르면 그것도 엄연한 미술이며 미술에서 중요한 것은 제작과정이 아니라 작품구상, 아이디어다. 뒤샹에 의하면 아이디어도 엄연한 예술이며 아이디어만 있으면 누구나 예술가가 될 수 있다. 뒤샹은 선입견을 버리고 순수한 눈으로 감상한다면 기성품인 자전거 바퀴, 소변기도 예술작품 못지않게 정교함과 세련미를 갖춘 것으로서 아름다움을 느낄 수 있다고 하였다.

현대 예술가들은 예술작품에서 중요한 것은 아름다움이 아니라 그것으로 인해 새로운 질문을 갖게 되고, 새로운 시선을 갖게 되는 것이라고 한다.

뒤샹은 오브제(비예술적 재료)를 통해 예술과 예술이 아닌 것의 경계를 무너뜨리고 오브제를 미술의 주인공으로 등장시켰으며 아이디어를 엄연한 미술이라고 주장하였다.

3. 낯설게 하기 ①

바닷가 모래사장에 커다란 과일 그릇이 놓여 있다. 티 없이 푸른 하늘에는 뭉게구름이 피어오르고 예쁜 초승달이 걸려 있다. 그러나 그릇에 담긴 사과는 집채보다 크고 사과와 그릇은 돌덩이로 되어 있다.

또 탁자와 과일은 부엌이 아닌 바닷가라는 전혀 뜻밖의 장소에 놓여 있고 크기도 달라지고 특성도 달라졌다. 르네 마그리트는 물체의 특성을 바꾸어 놓고 어울리지 않는 장소에 배치하여 사람들을 혼란스럽게 만들었다.

마그리트는 평범한 사물을 낯설게 만들어 의문을 품게 할 때 인간의 사고는 더 깊어진다고 믿었으며 사물의 특성을 뒤집어 대상을 새롭게 보게 함으로써 사물을 제대로 보지도 않고 다 안다고 생각하는 사람들에게 자극을 주고자 하였다.

르네 마그리트, 「커다란 탁자」(1962)

르네 마그리트는 사과를 집보다 크게 만들고 사과 그릇은 돌덩이로 만들어 뜻밖의 장소에 배치하여 사물의 특성과 위치를 바꾸어 놓음으로써 고정관념을 깨고 사물을 뒤집어 보게 하여 깊은 사고를 유도하고자 하였다.

르네 마그리트, 「상식」(1945~1946)

르네 마그리트는 과일 접시를 액자 앞에 놓아 예술(그림)처럼 보이게 하였다. 이때 과일 접시라는 사물 그 자체가 예술이 된다.

위 그림에서 과일 접시는 액자 안에 있지 않고 밖에 나와 있다. 여기서는 사물(오브제) 그 자체가 예술이 된다. 그러나 과일 접시나 액자 자체도 그림이다. 그렇다면 과일 접시나 액자 자체가 예술작품이 되고 예술작품은 다시 과일 접시와 액자라는 사물을 가리킨다(자기지시성).

현대예술은 사물 또는 대상(오브제)이 예술이 되고 예술 자체가 하나의 사물이 된다.

5. 예술은 현실을 새롭게 창조한다

　벽에 그려진 테이블과 과일, 포도주는 허구이다. 이것은 가상이 아니라 그림이라는 현실이기도 하다. 그림은 새로운 현실을 창조한다. 그러나 실제의 사물이 아니라는 점에서는 허구이며, 실제로 착각하고 먹으려 하다가는 벽에 부딪친다. 진실에 이르는 길은 험난하다. 그러나 부딪칠지라도 허구를 통해 알게 되는 진실은 달콤하다.

　예술은 보이지 않는 것을 보이게 하여 새로운 경험을 제공함으로써 편협함을 극복하고 표준과 관습에서 벗어나 정신적 자유를 맛보게 하며 세계를 보는 안목과 사고의 지평을 넓혀준다. 나아가 현실을 비판·재해석하고 새로운 것을 추구함으로써 현실을 변화시키고 현실을 새롭게 창조한다.

　예술이 그 영역을 넓혀갈수록 우리는 일상에서 점점 더 많은 가치와 의미를 발견하게 되고 삶은 더욱 풍요로워진다.

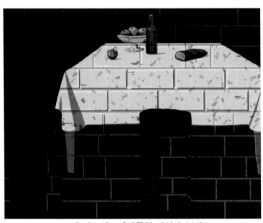

르네 마그리트, 「달콤한 진실」(1966)

　벽에 그려진 테이블과 과일, 포도주는 가짜다. 이것을 진짜로 먹으려고 하다가는 벽에 부딪힌다. 그러나 부딪칠지라도 허구를 통해 알게 되는 진실은 달콤하다.

6. 예술은 필수적 환영이다

예술은 환영에 지나지 않지만 인간으로 하여금 이상을 꿈꾸게 함으로써 현실의 고달픔을 위로하고 휴식과 위안을 제공한다는 점에서 필수적 환영이다.

니체(Nietzche)는 "예술을 통해 현실의 잔혹성을 피할 수 있다" "진리에 의해 멸하지 않기 위해 예술을 가지는 것이다"라고 하였다. 고된 현실에서 사람들은 예술을 통해 아름다운 세상이라는 신화를 만들어 냄으로써 현실적 불평을 위로한다. 예술은 현실에서의 탈피를 통하여 일상을 잊게 하고 이성의 억압과 구속으로부터 벗어나 이상을 꿈꾸게 함으로써 우리에게 휴식과 위안을 제공하고 내일을 희망할 수 있게 한다. 따라서 예술이 환영이라 할지라도 그것은 인생을 풍요롭게 만드는 필수적 환영이다.

예술이라는 인공적인 세계에서 우리는 꿈을 꾸면서 실제 세계를 넘어선다.

- 프리드리히 폰 실러

플라톤은 시는 현실을 망각하게 하고 현실로부터 시야를 다른 곳으로 돌리는 기능을 한다고 비판하였다. 그러나 예술을 현실도피로 보는 것은 예술의 가능성을 과소평가한 것이다. 예술이 상상을 이용하여 일시적으로 현실을 망각하게 하게 하더라도 잠시 현실을 잊은 후 일상으로의 편안한 복귀를 준비하는 것이며, 예술은 현실을 도피하는 것이 아니라 다른 방식으로 보여주는 것이다.

7. 예술은 고등사기다

　고대인들은 동굴에 들소 그림을 그려놓고 들소 사냥이 잘 되기를 기원하면서 그들의 삶에 마법을 걸었다. 이때 예술은 마술적·주술적 기능을 담당하였다.

　진리를 드러내고 아름다움을 표현하는 전통적 의미의 예술이 사라진 시대, 예술은 과거와 같이 숨겨진 삶의 의미를 드러내 주는 것이 아니라 삶에 덧칠을 하고 대중을 기망함으로써 삶에 마법을 걸고 신비화하여 삶을 아름다운 것으로 미화하는 소비사회의 장식품에 지나지 않는다. 백남준은 "예술은 고등사기"라고 하였다. 예술은 삶을 신비롭고 매혹적인 것처럼 만드는 고차원의 속임수이자 사기라는 것이다.

> 예술은 매혹적인 꽃을 길 위에 뿌려서 그 향기로 산책자가 저항하지
> 않고 계속 길을 가게 만든다.
>
> 　　　　　　　　　　　　　　　　　　　　　　　　- 게오르그 줄처

예술은 대중을 기망하는 속임수이지만 그것은 삶에 마법을 걸고 삶을 아름다운 것으로 미화시키는 고등사기에 해당한다.

8. 아폴론과 디오니소스

삶에 있어서는 아폴론적인 이성과 질서, 디오니소스적인 열정과 역동성이 조화를 이루어야 한다. 양자가 함께 하는 삶, 안정감이 있으면서도 생명력이 넘치는 삶이 보다 완전한 삶이다.

그리스 사회를 지배하던 미적 가치는 아폴론적 원리와 디오니소스적 원리가 혼합되어 성립한 것이다. 태양신 아폴론은 질서, 냉정, 이성을 상징하고 형식적 질서 속에서의 창조를 의미한다. 반면에 술의 신 디오니소스는 혼돈, 광기, 감성, 열정을 상징하며 무한한 생명력과 혼돈 속에서의 창조를 의미한다. 삶에 있어서는 디오니소스적인 광기와 열정, 아폴론적인 이성과 질서가 조화를 이루어야 한다. 니체는 아폴론과 디오니소스의 결합을 통해 이룩된 그리스의 위대함은 소크라테스 이후 이성의 역할이 지나치게 강조됨으로써 퇴색하게 되었다고 하였다. 디오니소스적인 생명력이 몰락하면서 창조적 정열의 힘은 사라지고 질서와 이성만이 군림하여 무한한 삶의 역동성은 사라지게 되었고 디오니소스적 충동 대신에 명료함이 지배하는 사회는 철저한 냉철 속에서 모든 상징적인 것을 파괴하고 와해시켰다는 것이다.

이성만능주의는 이성과 질서만을 강조함으로써 동일성의 사유에 빠뜨렸고, 파시즘, 나치즘으로 이어지게 되었다.

제2절 예술의 형식과 내용

　공자孔子는 논어 옹야편에서 바탕(내용)이 문채(文彩, 형식)보다 과하면 거칠고, 문채(文彩, 형식)가 바탕보다 과하면 사치스럽다고 하였다. 이는 형식에 치중하면 사치스럽게 되고 내용만 중시하면 거칠게 되는 것을 뜻한다.
　서시의 찡그린 모습이 예쁘다고 하여 이웃집 동시가 이를 본받아 찡그리니 더욱 미워 보였다는 장자의 말은 형식에 치우치는 일이 오히려 내용을 해치게 된다는 것을 희화적으로 보여준다.
　형식과 내용은 불가분의 관계에 있으며 아름다움은 형식과 내용이 통일되어야 하고 형식만 추구하면 허례허식이 될 뿐이다.

예술은 형식에 치중하면 사치스럽게 되고 내용만 중시하면 거칠게 된다.

예술은 의도적으로 효용성을 지향하지는 않지만 그 의도와 상관없이 그 자체가 도덕적, 경제적 가치를 창출하기도 한다.

칸트는 예술은 무관심의 만족이며 목적 없는 합목적성을 지니고 있다고 하였다.

예술은 의도하지 않은 유용성을 만들어 낸다. 예술은 그것이 효용성을 지향하지 않더라도 미적 가치의 추구 자체가 도덕적 가치를 이끌어 내며 인간의 아픔이나 사회적 부조리를 다룬 진실한 예술작품은 도덕적 가치나 신념을 고양시킨다. 예술이 있기에 삶은 아름다움을 지향하게 되고 사람들은 삶을 최상의 모습으로 만들어 나가려고 하며 더 나은 세계를 지향하게 된다. 예술은 어떤 목적을 지향하지 않더라도 위와 같이 인간의 삶에 기여하는 것이다.

미적 가치와 도덕적 가치는 모두 인간이 추구해야 할 가치의 다른 면일 뿐 반드시 양자가 상충되는 것은 아니므로 의도적으로 효용성을 배척하거나 효용성만을 추구할 필요성은 없다고 본다.

카타르시스는 밖으로 밀어낸다는 뜻을 가지고 있다. 아리스토텔레스에 의하면 비극적인 예술작품은 아주 큰 고통과 슬픔의 감정을 보여 줌으로써 눈물을 통해 불안하고 무거운 감정을 씻어내고 관객의 영혼을 정화시켜 인간을 좀 더 자유롭게 만든다.

오늘날은 즐거움 자체가 소비의 대상이며 예술은 문화산업으로서 큰 경제적 가치를 창출하므로 그 효용성을 전면적으로 부정하기는 어렵다.

제4절 예술과 미의 추구

1. 아름다움의 기준은 가변적이다 ①

레오나르도 다빈치,「성 안나와 성모자」(1503)

> 고전 미술은 조화와 균형을 중요하게 생각했고 아름다움은 안정, 평화, 쾌감을 주
> 는 것이어야 했다. 그러나 아름다움의 기준은 시대에 따라 다르다.

아름다움은 즐거움을 주고 인간의 정신과 감정을 고양시킨다. 또 삶과 존재의 신비를 일깨우고 삶을 즐겁고 풍요롭게 만든다. 아름다움은 사람을 움직이게 하는 가장 강력하고 현실적인 힘이며 삶의 목적이 된다. 인간은 아름다움을 보고 느끼고 표현하고 싶어하는데 예술은 아름다움을 추구하는 이러한 인간의 소망과 의지의 표현이다.

고전 예술은 조화와 균형, 총체성과 통일성을 중요하게 생각하였고 아름다움은 안정, 평화, 쾌감을 주는 것이어야 했다.

칸트는『판단력 비판』에서 예술작품이 불러일으키는 쾌감은 보편적이어야 하고 다양한 것을 총체적으로 조합하는 경험을 제공해야 하며, 서로 다양한 요소가 유기적으로 결합 되어 자율적 총체성을 지니게 될 때 작품의 아름다움이 나온다고 하였다. 칸트의 미학은 숭고미를 중요하게 다루고 있는 것으로 평가된다.

보들레르는 "창작은 기존의 형식적 규범에서 벗어나 관객이나 독자를 당황케 해야 한다" "미란 언제나 기괴한 것"이라고 하였다. 1860년대 이후의 미술은 공인된 아름다움에서 벗어나려고 끊임없이 모색하였고 기성의 형식을 따르는 것은 아카데미즘에 불과하다고 하면서 전통적 아름다움의 모델에서 탈피하고자 하였다. 인상파(impressionism), 입체파(cubism), 표현주의(expressionism), 초현실주의(surrealism) 미술은 예전의 미적 개념을 따르지 않았다. 이후 미학은 새로운 것(전통과의 단절, cut-off from tradition)을 미의 기준으로 설정하였으며 현대예술에서 숭고함은 투박하고 위압적이어서 불쾌감, 당혹감, 공포를 주는 것으로 여겼고 기존의 공인된 아름다움에서 벗어나고자 노력하여 대중을 당황하게 만들었다. 현대예술은 파격, 일탈, 낯설게 하기 등 형식과 내용상의 혁신을 담고 있어 대중의 상식으로 볼 때는 결코 아름답지 않다.

아름다움은 끊임없이 변하는 것이며 아름다움은 본질적으로 불안정한 것이다. 개성 있는 작품은 기존의 미美의 개념을 의문시 하는 데서 출발한다.

1860년대 이후의 미술은 공인된 아름다움에서 벗어나려고 끊임없이 모색하였고 전통적 아름다움의 모델에서 탈피하고자 하였다.

뭉크,「절규」(1893)

3. 아름다움의 기준은 가변적이다 ③

피카소,「아비뇽의 처녀들」(1907)

피카소의 '아비뇽의 처녀들'은 누드가 아름답고 우아한 것이라는 선입견을 깼다.

화가들은 인체를 가장 이상적이고 완벽하게 표현하기 위해 누드를 그려왔다. 누드 데생(nude drawing)은 미술의 기초훈련과정이고 미술의 구성능력을 익히는 기본이었으며, 누드는 아름답고 우아한 것이라는 인식이 일반적이었다. 그러나 피카소는 인체를 끔찍하게 해체하여 누드의 기본 공식(뼈부터 시작하여 근육을 붙이고 근육의 위치가 드러나도록 그 위에 살을 덮어 씌운다)을 무참하게 파괴하여 미술계를 경악케 하였으며 누드가 아름답고 우아한 것이라는 선입견을 깨버렸다.

마치 항아리를 깨어서 깨진 파편을 제멋대로 붙여서 이상한 항아리를 새로 만든 것처럼 가슴과 엉덩이의 위치가 바뀌고 배가 등이 되어 인체의 기본형태가 없어져 버린 괴상한 누드가 탄생하였다. 피카소는 누드가 아름답다는 등의 고정관념을 버리고 새로운 눈으로 세상을 바라볼 것을 충격요법으로 일러주고 있다.

4. 아름다움의 기준은 가변적이다 ④

오펜하임은 일상용품을 그 용도와는 맞지 않는 재료로 만들어 그 실용성을 박탈했다.

컵과 찻잔, 숟가락을 모피로 만들면 찻잔은 본래의 기능을 발휘할 수가 없다. 그러나 실용성을 잃은 대신 찻잔은 미적 인식(aesthetic recognition)의 대상으로 아름다움을 얻게 되었다. 사물은 언제나 새롭게 변화할 수 있는 가능성을 지니고 있다. 그냥 지나치는 일상용품도 주의 깊게 관찰하고 기능과 실용성의 관점을 벗어나 다른 눈으로 본다면 그것이 지닌 아름다움을 발견할 수 있다.

오펜하임, 「모피 찻잔」(1936)

오펜하임은 컵과 찻잔, 숟가락을 모피로 만들어 실용성을 박탈하고 미적 인식의 대상으로 만들었다.

5. 아름다움의 기준은 가변적이다 ⑤

　일상용품을 실용적이라는 고정관념에서 벗어나 새로운 눈으로 바라본다면 그것이 지닌 색다른 아름다움을 발견할 수 있다. 올덴버그(oldenberg)는 아름다움은 멀리 있는 것이 아니라 우리 주변에 가까이 있으며 일상용품도 예술품 못지않은 아름다움을 지니고 있다는 점을 깨우쳐 주고자 하였다.

　나는 하나의 물체를 선택하여 그 기능적인 성격을 완전히 없애기를 바란다.

- 올덴버그

　사물은 어떻게 보느냐에 따라 새롭게 변화할 수 있는 가능성이 있으며 중요한 것은 사물을 변모시킬 꿈과 의지와 용기다.

일상용품을 실용적이라는 고정관념에서 벗어나 새로운 눈으로 바라본다면 그것이 지닌 색다른 아름다움을 발견할 수 있다.

올덴버그, 「스푼다리와 체리」(1988)

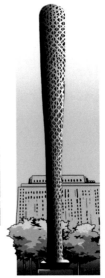

올덴버그, 「야구방망이」(1977)

6. 예술은 아름다움의 주관적 표현이다 ①

피카소, 꿈(1932)

예술은 자연에 대한 모방에서 시작되었다. 그러나 카메라 등 과학기술의 발전으로 자연을 있는 그대로 그리는 것은 의미가 없어지게 되었고 독창성과 창의력을 중시하게 되었다.

자연은 인간에게 놀랍고 낯설고 알 수 없는, 비밀에 가득찬 존재였고 신의 작품으로 여겨져 왔다. 자연은 예술의 고향이자 예술적 영감의 원천이 되어 왔다. 아리스토텔레스가 "예술은 자연의 모방, 현실의 모방"이라고 하였듯이 과거의 예술가들은 대상을 최대한 현실과 가깝게 묘사하려고 하였다. 그러나 헤겔은 "모방을 통해 자연과 경쟁하기를 원한다면 예술은 항상 자연보다 못한 것으로 남아야 할 것이며, 그것은 코끼리를 닮기 위해 노력하는 벌레와 같다"고 하였다. 과학기술의 발전에 따라 카메라가 등장하면서 실제와 같은 그림은 의미가 없게 되었고 화가의 주관적 관점이 강조되기에 이르렀다. 20세기에 들어 회화는 추상적으로 변했고, 음악은 멜로디 대신 불협화음으로 가득차고, 소설에서 줄거리가 사라졌으며 연극은 부조리해졌다. 달리(Salvador Dali)는 현실과는 거리가 먼 환각의 세계를 묘사하였고 뒤샹(Duchamp)은 갤러리에 변기를 갖다 놓고 분수라고 칭하였으며 자전거 바퀴를 전시하여 예술과 예술이 아닌 것의 경계를 모호하게 하였다. 르네 마그리트(René Magritte)는 평범한 사물을 낯설게 만들어 고정관념을 타파하고 사물을 새롭게 보도록(150~151p 참조)했다.

7. 예술은 아름다움의 주관적 표현이다 ②

예술가가 어떤 대상을 표현하는 데는 작가의 주관이 개입되며 예술은 작가의 관점에 따라 새롭게 재현되고 창조된다. 예술은 항상 새로움을 추구하며 예술작품의 가치를 결정짓는 것은 독창성·창의력이다. 현대예술은 자연의 모방이 아니라 주관성의 영역으로 이해되고 있다. 뒤샹은 1917년 전시회장에 소변기를 설치하고 사람들이 선입견을 버리고 순수한 눈으로 바라본다면 그것은 세련된 형태미와 예술성을 지닌 작품으로 볼 수 있다고 하였다. 뒤샹(Duchamp)의 소변기가 전시된 이후 사람들은 예술을 미의 관점이 아니라 의미의 관점에서 접근하게 되었다. 현대 예술가들은 예술작품에서 중요한 것은 아름다움이 아니라 그것으로 인해 새로운 질문을 갖게 되고, 새로운 시선을 갖게 되는 것이라고 한다. 따라서 예술적 가치는 그 독창성에 있다.

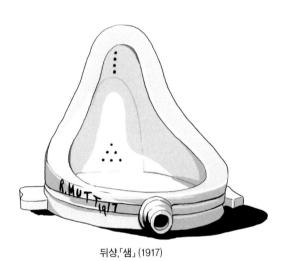

뒤샹,「샘」(1917)

뒤샹은 예술가가 공들여 만든 것만이 예술이 아니며 예술가가 소변기를 선택하여 예술작품이라고 부르면 그것도 엄연한 예술이라고 했다.

아 름 다 운 　 세 상

주관성이 극단적으로 강조되어 자신의 세계에만 몰두한 예술, 아무에게도 보여주고 싶지 않은 작품은 대중과의 소통이 어렵고 이를 과연 예술이라고 부를 수 있을지가 의문시된다.

주관성에 입각하여 항상 새로운 것을 창조해야 한다는 생각에서 예술가들은 타인의 이해를 염두에 두지 않게 되었고 이해되지 못하는 것이 현대성을 의미하는 단계까지 이르게 되었다. 이 때문에 현대예술은 난해하게 느껴진다. 그러나 주관성이 극단적으로 강조되어 대중에서 등을 돌린 채 자신의 세계에만 몰두한 예술은 이를 과연 예술이라고 부를 수 있을지가 의문시 된다.

장 뒤비페는 예술가가 자신의 대중과의 소통을 완전히 거부하는 정도까지 주관성을 고집하여 자신의 작품을 아무에게도 보여주고 싶지 않을 정도까지 된다면 작품의 전복적인 성격은 사라진다고 하였다.

보들레르는 자신이 사는 현재와 도덕적 태도를 거부하고 예술세계로 물러나 극단적으로 아름다움을 추구하였다. 보들레르의 어머니조차 그를 '추악한 인간' '불구의 흉물'이라고 저주하였다.

9. 예술은 아름다움을 통하여 소통하는 것이어야 한다

인간에게는 아름다움을 추구하는 보편적인 욕구가 있고 예술은 모두를 위한 것이어야 하는 것이 바람직하기는 하나 역사적으로 일상에서 예술을 향유한 사람들은 생활에 여유가 있고 일정 수준의 문화적 소양을 갖춘 소수에 국한되었다.

인간은 아름다움을 추구하고 그것을 타인에게 전하고 이해시키고자 하며, 작품의 의미는 그것을 찾는 관객에 의해 완성되기도 한다. 따라서 문화 향수의 기회확대, 사회적 구조의 개선, 교육과 훈련 등을 통해 예술을 대중에 보다 친숙한 것으로 만드는 것이 필요하다. 엘리트 또는 부유층에 의해 독점되어 대중과의 소통을 거부하고 소수에 매몰되어 있는 예술은 고립되어 사멸할 수밖에 없을 것이다.

세상과의 소통을 거부하고 아름다움만을 추구한 예술을 위한 예술(예술지상주의) 역시 도피주의를 촉진시키고 비겁함과 무력함에 대한 피난처를 제공한다는 비판을 받아 왔다. 예술은 삶의 일부로서 일상세계와의 관련하에 존재하는 것이며 그 역시 삶을 위한 것이므로 예술이라고 하여 그것이 세상과 단절된 고립된 섬, 비밀의 제국 또는 종교가 될 수는 없는 것이다.

엘리트나 부유층에 의해 독점되어 대중과의 소통을 거부하고 소수에 매몰되어 있는 예술은 고립되어 사멸할 수도 있다.

오노레 도미에, 「삼등열차」 (1862)

> 예술작품에 대한 지적인 이해는 감탄, 정서적 공감의 정도를 높이게 되므로 예술을 감상하는 법을 배울 필요가 있다.

　인간은 아름다움을 추구하는 보편적 심리 구조를 가지며 모든 사람은 예술적 아름다움을 감상할 수 있는 능력을 가지고 있다. 예술은 아름다움에 대한 소망과 의지의 표현이다. 예술은 그것을 이론적으로 설명할 수 있어야 하는 것은 아니므로 예술에 무지한 이들도 예술을 좋아할 수 있고 지적인 이해가 없이도 감탄이나 공감을 불러일으킬 수 있다. 그러나 인간의 감각은 동물의 감각을 넘어 지적활동을 동반하므로 예술작품에 대한 지적인 이해는 감탄이나 예술작품에 대한 정서적 공감의 정도를 높이게 된다. 예술작품은 아는 만큼 보인다. 예술을 감상하기 위해서는 예술작품에 대한 체험을 늘리고 감상하는 법을 배울 필요가 있으며 그것은 아름다움에 대한 안목과 지적 쾌감을 높이게 될 뿐 아니라 세계와 삶을 더 진실되게 이해할 수 있게 하여 삶을 한층 풍요롭게 한다.

제6절 사실과 해석

1. 사실이 있기 전에 미리 해석이 존재한다

    같은 사건을 두고 입장에 따라 전혀 다른 해석을 내리는 이유는 사실(사건)이 있기 전에 이미 자신의 입장에서 해석할 수 있는 의미구조(프레임, frame)가 그들의 마음속에 존재하고 있었기 때문이다. 이것은 사실이 먼저 존재하고 해석이 뒤따른다는 전통적 논리와 상반된다. 결국 텍스트를 해석하는 입장에는 차이가 있으며 그 해석은 국가, 민족, 시대, 상황과 맥락에 따라 모두 다를 수 있다. 그렇다면 의미는 사건 속에 있는 것이 아니라 사건의 바깥에 존재한다.

    예술작품을 해석하는 입장에는 두 가지가 있다. 작가중심주의는 창작 의도를 중시하고 새로운 해석과 생각을 덧붙이는 것을 작품의 의미를 훼손하는 행위로 본다. 한편 작품중심주의는 작품 자체에 담겨있는 의미를 중시한다. 작가중심주의는 경전중심의 권위주의적 해석이 되어 독자를 수동적 존재로 만들고, 작품중심주의는 텍스트의 의미가 그 작품 속에 있음을 강조하고 있다는 점에서 그 한계가 있다. 모든 예술작품은 상황과 맥락에 따라 다른 의미를 생산하고 결국 이러한 의미를 생산하는 것은 작품을 읽고 해석하는 독자가 된다. 따라서 의미를 생산하는 독자의 역할이 중요하게 된다.

같은 사건을 두고 서로 상반된 해석이 나오는 것은 사실이 있기 전에 이미 자신의 입장에서 해석할 수 있는 의미구조(frame)가 그들의 마음속에 존재하고 있었기 때문이다.

2. 프레임은 우리의 인지구조를 조작한다

프레임은 말과 은유를 통해 우리의 생각과 개념을 구조화하고 생각과 행동으로 나아가게 한다.

프레임은 우리가 실제를 이해하도록 해 주고, 때로는 우리가 실제라고 믿게 만드는 심적 구조를 말한다. 예컨대 "북극곰을 생각하지 마"라고 하면 북극곰만 머릿속에 더욱 강하게 남게 되는데 이처럼 프레임은 우리의 인지구조를 조작한다.

프레임은 말과 은유를 통해 우리의 생각과 개념을 구조화하고 생각과 행동으로 나아가게 한다. 일상생활에서는 프레임이 매우 빈번하게 사용되고 있으나 우리는 그것을 인지하지 못하고 지나치는 경우가 많다. 지금도 매스미디어, 광고, 정치인 등은 대중을 설득하고 자신들의 이익을 관철하기 위하여 말과 은유를 통해 끊임없이 사람들의 인지구조를 조작해 내고 있다.

대중매체는 대중을 설득하기 위해 자신의 프레임을 반복해서 주입시키는 막강한 프레임 권력이다.

3. 프레임에 갇히는 이유

인지심리학자(cognitive psychologist) 대니얼 사이먼스(Daniel Simons)의 보이지 않는 고릴라실험에서 볼 수 있는바와 같이 인간은 완벽하게 합리적 존재가 아니며 우리의 감각은 현실을 있는 그대로 받아들이지 않는다.

우리의 인지구조(cognitive framework)는 불완전하여 외부의 영향을 받기 때문에 사람들은 프레임(frame)을 통해 사고하게 되며 자신이 중요하게 생각하는 가치, 자신이 지키고 싶어 하는 가치를 반영하는 설득력 있는 논리에 끌리게 된다.

이 때문에 사람들은 프레임에 갇히게 된다. 프레임은 논리가 아닌 가치의 영역이며 우리는 우리의 가치를 가장 잘 대변할 의견과 논리를 선택하게 되는 것이다.

판사나 검사는 사건의 실체를 접하기 전에 사건의 기록을 보고 자신의 가치 기준을 반영하여 그 처리방향에 대한 프레임을 짠다. 그러나 기록 자체는 간접적 메시지이고 가공된 것이기 때문에 실제 사건을 다루어보면 프레임과 맞지 않는다. 이 때문에 사건해결을 위해 판·검사는 자신의 프레임에 맞추기 위해 노력하는데 그 과정에서 사건의 당사자들은 압박을 느끼게 되고 불이익을 당하고 있다고 느끼게 된다. 스스로 만든 프레임에 가두지 말고 인습, 고정관념에서 벗어나 새로운 시각으로 사건을 검토할 필요가 있다.

학생들이 농구공을 주고 받으면서 횟수를 세어야 한가면 가운데로 고릴라가 지나가도 못 보게 된다. 이처럼 우리의 감각은 현실을 있는 그대로 받아들이지 않는다.

프레임을 짜는 것은 경쟁자 또는 공략대상을 자신이 만든 틀에 가두어 자신에게 유리한 것을 얻어내기 위해서다.

사람들은 저마다 다른 세계관과 도덕관, 가치 기준을 가지고 있고 같은 사실에 대하여 다르게 생각한다. 이 때문에 각 개인과 기관, 단체 등은 자신의 가치를 타인에게 전달하고, 반복하여 설득함으로써 인식을 변화시켜 자신에 유리한 것을 얻어내고자 프레임을 짠다.

정치인들은 정권을 획득하기 위해 프레임을 짠다.

예컨대 소중한 가치를 지켜 내면서 문제점을 점진적으로 개선해 나가자는 것이 보수의 가치임에도 반대진영에서는 수구, 꼴통, 기득권이라는 이미지를 덧씌워 프레임에 가두려고 한다. 또 기업에서는 그 물건이 꼭 필요하지 않음에도 없어서는 안되는 것처럼, 그 물건을 가지면 상류층의 일원이 되는 것처럼 각종 수사와 이미지를 동원하여 프레임을 짜서 소비자를 유혹한다.

5. 저자의 죽음 ①

프랑스의 철학자, 비평가 롤랑 바르트(Roland Gerard Barthes)는 작가중심주의와 작품중심주의에 반대하여 해석의 중요성과 독자의 역할을 강조하였다. 바르트에 의하면 의미를 창조하는 것은 저자도, 작품도 아니며 바로 독자이다(저자의 죽음과 독자의 탄생). 바르트는 해석의 가능성을 존중하기 위해 작품이라는 말 대신에 텍스트(text)라는 단어를 사용하였다. 직물의 씨줄과 날줄이 복잡하게 교차되어 있는 것처럼 예술작품의 의미도 마찬가지이고 작가의 의도와 작품만으로는 아무런 의미도 발생하지 않으며 작가의 의도와 작품(씨줄과 날줄) 위에 그 의미를 생성하는 독자가 있을 때 비로소 그 작품이 의미를 갖게 된다는 것이다.

단 한 명의 독자도 없는 작품이라면 결코 위대한 작품이 될 수 없으며 위대한 작품은 독자가 만든다. 의미는 끊임없이 변화하며 이 세상에 단 하나의 유일무이한 해석은 존재하지 않는다. 진정한 예술작품은 독자의 해석이라는 창조적 과정을 거칠 때 비로소 완성된다.

프란츠 카프카의 「변신」에 나오는 갑충은 세상에 존재하는 특정한 동물이 아니다. 그것은 돈을 벌지 못하면 쓸모없는 벌레로 취급되는 인간 등 다양한 관점으로 해석된다.

프란츠 카프카, 「변신」 (1915)

6. 저자의 죽음 ②

두 사람이 기다리는 고도는 여러 가지로 해석된다. 고도는 혼돈, 자유, 메시아, 미래의 가능성, 지루한 의미를 견디기 위한 무의미한 단어라는 등 여러 가지로 해석된다. 작품의 의미가 발생하기 위해서는 독자의 해석이 중요하며 독자는 의미를 생산하는 주체가 된다. 저자의 죽음은 독자가 예술 작품의 창조자로 탄생하였음을 의미한다.

롤랑 바르트에 의하면 작품의 의미는 고정불변인 것이 아니라 시대와 상황의 변화에 맞게 다양한 해석의 여지[1]를 가지고 있다. 작품의 의미가 발생하기 위해서는 독자의 해석이 중요하며 독자는 작가의 메시지를 해독하기만 하는 존재가 아니라 작품 속의 상황에 적극적으로 개입하여 능동적으로 의미를 만들어 간다. 비판적·능동적 사고를 가진 독자, 의식과 역량이 높은 독자가 많을 때 독자의 탄생은 더 긍정적 효과를 갖게 된다.

지금까지의 예술비평은 지나치게 저자와 작품만을 강조해 왔다. 저자의 죽음은 예술의 죽음을 뜻하는 것이 아니라 독자의 탄생을 의미한다. 모든 예술작품은 상황과 맥락에 따라 다른 의미를 생산하며 어떤 상황에서도 유일무이한 해석이 가능한 작품은 없다. 이러한 의미를 생산하는 주인공은 바로 독자이며 저자의 죽음은 수동적·제한적 기능을 전담했던 독자들이 예술작품의 가장 핵심적인 창조자임을 선언한 것이다.

---

1) 그리스 신화에서 사이렌의 노래는 아름다운 음악에 대한 찬사로도, 감각적 쾌락이 주는 위험성에 대한 경고로도 해석된다. 사무엘 베게트의 「고도를 기다리며」에서 고도는 혼돈, 자유, 메시아, 미래의 가능성, 지루한 일상을 견디기 위한 무의미한 단어 등 여러 가지로 해석된다. 이처럼 시대와 상황에 따라 다양한 해석의 여지를 가지고 있는 작품이 위대한 작품일 가능성이 많다.

제7절 대중예술의 통속성

1. 대중예술과 B급 문화

대중예술은 대중의 욕망에 직접적으로 영합하여 욕망의 즉각적인 해소를 목표로 한다. 대중예술의 통속성은 키치(kitsch, 싸구려 감수성), 클리셰(cliche, 진부한 표현, 상투적 기법), 센티멘탈리즘(즉각적 감정에 호소)을 통해 달성된다. 대중예술의 이러한 통속성은 예술의 비판적 기능을 마비시키고 대중을 욕망의 노예로 만드는데 봉사한다는 비판이 있다. 그러나 통속성은 대중의 욕망을 반영하고 그것을 분출하게 함으로써 해방감을 느끼게 하고 엄숙주의가 지닌 위선과 기만의 탈을 벗겨낸다. 대중예술의 통속성은 욕망의 억압에 대항하고 지배적 가치체계에 대한 저항의 메시지를 담아 억압적 지배체제를 조롱하고 비판하는 기능을 한다.

B급 문화는 단순하게 뒤떨어진다는 의미보다 주류문화에 속하지 않은 마이너리티 문화이며 저항의 정신을 표현하는 일종의 대항문화로서의 성격을 지닌다.

B급 문화는 대중의 통속적 욕망을 가감 없이 또는 보다 적극적으로 표현함으로써 사회의 지배적 욕망체계를 공격하고 도덕적·윤리적 인간이라는 표상이 지닌 허위의식을 벗겨낸다.

대중예술은 대중의 욕망에 직접적으로 영합하여 욕망의 즉각적인 해소를 목표로 한다. B급 문화는 뒤떨어진다는 의미보다 주류 문화에 속하지 않는 마이너리티의 문화이며 저항의 정신을 표현한다.

무거움(이성, 진리, 도덕, 책임 등)은 질서와 안정감을 주지만 지루하고, 가벼움(본능, 감성, 향락, 유희, 일탈 등)은 인생에 재미와 활력을 주지만 무언가 허전함을 느끼게 한다. 무거움과 가벼움을 모두 가질 때 우리는 온전한 삶을 살 수 있다.

　이성, 진리, 도덕, 가치, 책임, 헌신을 무거움의 표상, 본능, 감성, 향락, 일탈, 혼돈, 유희를 가벼움의 표상이라고 할 경우 무거움과 가벼움은 합치될 수는 없지만 나름대로 모두 아름답다. 친절, 희생, 봉사, 책임을 다하는 삶이 아름답지만 보잘 것 없는 사람들이 나누는 가벼운 사랑도 아름답고 매혹적일 수 있으며 가벼운 농담이 선사하는 일상의 활력, 가끔의 일탈과 혼돈이 가져다 주는 억눌린 에너지의 분출, 에너지의 충전, 전복의 힘도 인생을 아름답게 하는 중요한 요소가 된다. 무거움을 찾는 사람은 삶의 무게와 책임에서 벗어나기 위해 도피하기도 하고 가벼움을 추구하는 사람도 진정한 해방감을 갖지 못하며, 무언가 빠진 듯한 허전함 속에서 인생의 진실한 의미를 찾지 못한다.

　인간은 이성적으로 규정하거나 과학적으로 계량할 수 없는 훨씬 복잡하고 신비한 존재이며 무거움과 가벼움 이 두 가지를 모두 가질 때 우리는 온전한 삶을 살 수 있다.

제8절 포스트 모더니즘

1. 포스트 모더니즘의 의의

　포스트모더니즘(후기근대주의, 탈근대주의)은 인간 이성에 대한 믿음을 강조했던 근대의 계몽주의와 합리적 사고를 소수자와 감성을 억압해 온 근대성 또는 이분법적 사고로 비판하고 탈 근대화를 추구하는 20세기 중반 이후의 사상적 흐름을 말한다.

　포스트모더니즘의 특성
- 인간 이성에 대한 절대적 믿음을 부정한다.
- 다양성, 다원성, 개성의 차이를 인정하고 존중한다.
- 탈 형식, 탈 장르
- 진리의 상대성을 강조한다.
- 상호 텍스트(mutual text)
  모든 작품은 무에서 유를 창조한 것이 아니라 기존에 존재하는 다른 작품에 기반을 두고 있음(상호 텍스트성)을 인정하고 다양한 형식의 혼합을 시도하며 그러한 것도 예술의 한 기법으로 인정한다.
- 거대담론을 거부한다.
  포스트모더니즘은 하나의 절대적 기준으로 현실의 모든 요소를 통일하여 설명하려는 거대담론을 거부하고 영구불변의 도덕규범이나 관념, 이론에 대한 반증가능성을 지지한다.

시카고 밀레니엄 공원 안에 있는 크라운 분수는 스페인의 개념 예술가 하우메 플렌사(Jaume Plensa)가 디자인하여 2006년 완성하였다. 이 분수는 철, 유리, 돌 같은 전통적 건축재료에서 벗어나 빛을 건축장식의 대표로 썼다는 점이 특징이다. LED 스크린에서는 1,000명의 시카고 시민의 표정 애니메이션과 자연 경치가 번갈아 나오고 화면 속 인물의 입에서 물이 나오도록 되어 있다. 포스트 모더니즘은 탈 중심, 탈 형식, 탈 장르, 다원성을 추구한다.

2. 포스트 모더니즘 예술 ① - 뒤샹, 샘

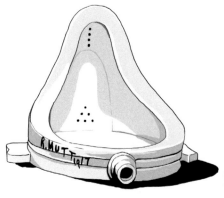

뒤샹은 전시회장에 소변기를 전시함으로써 작품이 아니라 하나의 물건에 지나지 않는 재료(오브제)를 미술의 주인공으로 등장시켜 레디메이드라는 새로운 개념을 창안하였고 아이디어도 예술이라고 하여 예술의 개념을 새롭게 정의했다.

뒤샹, 「샘」(1917)

뒤샹은 기성품도 그 아름다움을 예술가가 인식할 능력이 있다면 작가가 직접 만들었는지는 중요하지 않다고 한다. 예술가의 의도를 알아챈 관객이 창작품만큼 예술성을 갖추었다고 인정하면 아무런 문제가 없다는 것이다. 뒤샹에 의하면 아이디어도 엄연한 예술이며 아이디어만 있으면 누구나 예술가가 될 수 있다. 하나의 물건에 지나지 않는 재료(오브제)도 전시장에 놓이게 되면 그 의미가 전환되어 미술의 주인공이 될 수 있다는 것이다.

뒤샹은 비예술적 재료인 오브제(object)를 통해 예술과 예술이 아닌 것의 경계를 무너뜨리고 오브제를 예술로 둔갑시켰다. 작품은 독자적으로 존재하는 것이 아니라 환경이나 다른 소재와의 관계에서 맥락으로 파악된다(맥락 의존성).

사람들이 소변기라는 선입견을 버리고 그것을 순수한 눈으로 감상한다면 소변기가 얼마나 세련된 형태미를 갖추었는지 느낄 수 있다. 그것이 배설기라는 고정관념만 버리면 아름다움을 느끼기에 전혀 부족함이 없다.

뒤샹

3. 포스트 모더니즘 예술 ② - 앤디 워홀, 존 케이지

■ 앤디 워홀의 복제미술

앤디 워홀(Andy Warhol)은 원본이 없거나 원본의 존재가치를 상실한 예술환경을 상징적으로 표현하였다. 그는 실크스크린 판화기법(silk screen printing)과 같은 복제기술을 사용하여 다양한 복제미술을 제작하였고 마릴린 먼로, 코카콜라 병 등 널리 알려진 대중적 이미지나 공산품, 광고 등을 가공만 하여 새로운 예술적 작품이 될 수 있음을 보여주었다. 앤디 워홀은 소비사회의 이미지에 집중하여 예술작품의 독창성을 부정하였고 예술의 고급화를 조롱하였다. 그는 고급예술과 대중예술의 경계를 모호하게 만들었으며 예술의 탈형식화, 탈장르화를 보여주었다.

■ 존 케이지의 『4분33초』

존 케이지(John cage, 작곡가, 1912~1992)는 4분 33초 동안 피아노를 연주하지 않고 있을 때 들려오는 잡음, 숨소리, 고동 소리가 음악과 예술이라고 주장하였다. 음악이란 음향의 한 부분이며 침묵과 웅성거리는 소리도 음악일 수 있다는 것이다.

앤디 워홀은 코카콜라 병, 마릴린 먼로 등 널리 알려진 대중적 이미지나 공산품, 광고 등을 가공만 하여 새로운 예술작품이 될 수 있음을 보여주었다.

4. 포스트 모더니즘 예술 ③ - 샤르트르『구토』

모든 사물이 존재의 이유나 의지조차 없이 우연히 거기에 존재할 뿐이라는 존재의 무상성은 구토감을 느끼게 한다. 로캉탱은 존재의 무상성과 실존의 부조리에 대항하는 방법은 자신에게 의미 있다고 생각되는 일을 하면서 열심히 살아가는 것, 스스로 그 본질을 구축해 나가는 것이라는 것을 깨닫는다.

    샤르트르의 소설인 「구토」(1964년 노벨문학상, 수상거부)의 주인공 로캉탱은 실존에 대한 의문을 갖는 순간 구토감을 느끼는데 구토는 실존에 대한 의식을 상징적으로 보여준다. 구토는 인간이나 사물의 언어에 의해 성립되어 의미나 본질을 박탈당한 무질서 덩어리다. 사물의 존재는 우연한 것이고 인간의 삶도 우연하다. 인간이 이 세상에 태어난 것은 어떤 예정된 의도에 따라서가 아니고 단지 우연히 존재할 뿐이다. 로캉탱의 구역증은 바로 이 존재의 우연성과 무상성을 깨달은 데서 비롯된다. 『구토』는 진리의 객관성과 절대성을 중시한 모더니즘 문학으로부터 탈피하여 인간이 자신의 존재의식에 눈떠가는 과정을 묘사하였다. 포스트모더니즘이 제기하는 실존의 의미는 인간은 자유로운 사고를 통해 주체적으로 모든 것에 의미를 부여할 때 인간으로서의 존재 의미를 찾을 수 있다는 것이며 인간은 인습, 고정관념, 주어진 사고의 틀에서 벗어나 스스로의 결단으로 자신의 존재 이유를 주체적으로 찾아내고 스스로 그 본질을 구축해 나가야 한다는 것이다.

5. 포스트 모더니즘 예술에 대한 비판

포스트모더니즘(postmodernism) 예술에 대해서는 "예술이라는 이름으로 모든 행위가 정당화 될 수 있는 것은 아니며 그것은 예술의 실패를 보여 줄 뿐 어떤 창조적인 힘도 가지고 있지 않다"는 비판이 제기 되었다. 그러나 포스트모더니즘은 인간의 행동을 과도하게 제약하거나 여론주도층의 생각이 모두 옳다고 믿는 식의 오류를 지적하고 시정하고자 하였으며 예술은 예술이라는 고정관념을 털어내고 삶과 예술의 관계를 새로운 시각으로 볼 수 있게 하였다. 그러나 포스트모더니즘은 윤리적 상대주의(ethical relativism)와 회의주의(skepticism)를 극대화할 위험이 있으므로 그것이 추구하는 가치가 독단(dogmatism)으로 흐르지 않도록 균형잡힌 사고를 갖는 것이 필요하다.

안드레 세라노, 「피스 크라이스트 - 오줌통 속의 예수」

이 작품은 십자가에 못 박힌 예수상을 오줌 속에 빠뜨린 뒤 카메라로 촬영한 것이다. 이것은 인간이 종교에 대하여 갖는 신비적이고 제의적인 생각들을 파괴시키고자 한 의도가 담겨있는데 이 작품은 어디까지가 창작이고 예술인가에 대한 논란을 불러 일으켰다.

뛰어난 예술작품은 모방할 수 없는 특유의 기운, 즉 아우라를 가지고 있다. 그러나 오늘날은 복제기술의 발달로 원본과 복제품의 차이가 없게 되어 아우라는 상실·해체되었다.

레오나르도 다 빈치, 「모나리자」

아우라(aura)는 어떤 예술작품이나 물건에서 느껴지는 모방할 수 없는 특유의 기운, 유일무이성, 고유의 특성과 아름다움을 말한다.

오늘날은 복제기술의 발달로 예술작품이 복제되어 라디오, 영화 등에 의해 대량으로 소비되며 디지털 시대의 도래와 함께 원본과 복제품 사이에 차이가 없게 되어 아우라는 상실·해체되었다.

아우라는 예술이 아직도 종교적 숭배의 대상이던 시절의 흔적이며, 오늘날 예배 가치를 잃은 원작은 전시 가치만 가지게 되었고, 숨결은 사라지고 흔적만이 남게 되었다. 이러한 흔적은 '멀리 있는 것처럼 보여도 사실은 가까이 있는 환영'일 뿐이다.

발터 벤야민 『기술복제시대의 예술작품』

아우라가 상실·해체됨으로써 원본 예술이 가진 권위주의, 귀족주의 경향이 사라져 대중이 쉽게 예술작품을 즐기고 누릴 수 있게 되었다는 장점이 있으나 감각과 정서가 표준화되어 개성에 따른 문화 향유가 어렵게 되었고 예술에 대한 경외감, 신비감도 사라져 예술의 구원적 성격도 사라지게 되었으며 발터 벤야민도 이 점을 안타깝게 생각하였다.

2. 아우라는 소멸된 것이 아니라 새로운 모습으로 거듭 태어난다

　무형예술(intangible art)이 가지는 1회적 현존성(one-time existence), 인간적 호흡과 온기, 현장감은 복제할 수 없으며 오늘날에도 뮤지컬, 연극, 음악 등 아우라가 있는 일회성 예술은 고급문화와 결합하여 감상 차원을 넘어 계급과 계층을 구분하는 상징적 지표로 사용된다.

　현대인들은 명품을 아우라가 있는 것으로 생각하고 신분 과시용으로 이용하며 브랜드를 통해 얻을 수 있는 위세와 기호를 소비한다.

　복제품도 각자에게 특별한 의미와 분위기를 지닌다고 본다면 모조품도 일정 부분의 아우라를 가지고 있다.

　아우라는 패러디에 의해 다른 모습으로 변형, 되어 나타나기도 한다.
따라서 아우라는 소멸된 것이 아니라 새로운 모습으로 거듭 태어난다.

무형예술이 가지는 1회성 현존성과 인간적 호흡, 온기, 현장감은 복제될 수 없다.
아우라는 소멸된 것이 아니라 새로운 모습으로 거듭 태어난다.

3. 아우라를 상실한 시대 예술의 역할

아우라를 상실한 시대 예술가들은 창조자의 지위에서 의미를 전달하는 자의 위치에 서게 되고 예술에서는 의미의 창조보다 의미의 소통이 중요하게 되었다.

예술에 대한 경외감, 신비감이 사라지게 되면 예술가들은 창조자의 지위에서 의미를 전달하는 자의 위치에 서게 된다. 이 시대의 예술에서 중요한 것은 의미의 창조보다 의미의 소통이 된다. 뒤샹은 일상의 소재들을 전혀 다른 맥락 속에 위치시킴으로써 기성품도 예술이 될 수 있음을 보여주었다. 미술은 권위 있는 화랑에서 전시하여 보여주는 미술, 미술로써 남고자 하는 미술이 아닌 탈 예술적 흐름을 보이게 되었으며 이는 탈 형식화, 탈 장르화, 장르파괴의 흐름으로 나타나게 되었다.

• FLEXUS 운동 : 오늘날 기계화, 물질화, 몰개성화, 복제화 된 현실에 반기를 들고 예술이 가진 신비적, 구원적 기능을 회복하고자 하는 운동을 말한다.

4. 대량복제 시대의 삶

삶의 다양한 경험과 특정 순간의 체험은 누구도 대신할 수 없고 재현할 수 없는 아우라를 가진 것으로 나 자신의 정체성의 일부이자 소중한 자산이 된다.

현대인들은 대량생산, 단일화, 몰개성화 시대에서 비슷한 경험을 하게 되며 원형과 그 숨결이 사라진 황량한 시대에 자신들의 유일무이한 숨결(정체성)을 잃고 흔적만을 추구하는 짝퉁의 시대를 살아간다. 그러나 반복되는 평범한 일상생활의 경험은 항상 다르고 각자에게 다른 가치와 의미가 있다.

수십 년 전 더운 여름에 먹었던 아이스크림 맛, 수십 년 전 자전거 여행에서 마셨던 음료수 맛은 오늘날 더 발달된 재료와 기술로도 재현할 수 없으며 삶의 다양한 경험과 특정 순간의 분위기와 느낌은 다시 만들어 낼 수 없는 유일무이한 순간이다. 삶의 귀중한 순간의 체험은 누구도 대신할 수 없고 재현할 수 없는 아우라를 가진 것으로 나 자신의 정체성의 일부이자 소중한 자산이 된다. 이 때문에 체험관광 · 체험산업이 각광 받게 되었다.

1. 패러디는 원본훼손을 통해서 생명과 에너지를 얻는다

패러디(parody)는 원본이 지닌 허구성을 폭로하거나, 비판적 시각으로 새롭게 보도록 유도하는 표현의 한 형식을 말한다. 패러디는 소재와 상상력이 원본의 내용에서 출발하고 있으나 원본 자체가 가지고 있는 모순성을 원본에 대한 고의적 비틀기와 뒤집기를 통해 폭로하고자 하며 원본이 지닌 신화의 허구성을 벗겨내고자 한다. 원본에 의존하고 있다는 패러디의 불완전성은 원본을 훼손하고 원본의 권위를 무력화시킴으로써만 극복이 가능하다는 점에서 패러디는 친부살해의 숙명을 타고났다. 특히 패러디는 원본 훼손을 통해서 자신의 생명과 에너지를 얻는다.

미셀 투르니에『방드르디 태평양의 끝』

원작에서 로빈슨 크루소는 계획성, 합리성을 발휘하여 무인도의 시련을 이겨내고 무사히 고향으로 귀환하게 된다. 그러나 패러디 작품인『방드르디 태평양의 끝』에서 문명인 로빈슨 크루소는 야만인 방드르디의 삶의 태도와 가치관에 감화를 받게 되어 고향으로 돌아가지 않기로 결심한다. 이 작품은 자연과 동물을 학살하는 문명의 야만성과 문명과 야만이라는 이분법적 도식, 근대적 합리주의가 지닌 허구성을 폭로하고 근대문명의 백인우월주의와 제국주의적 성격을 비판하였다.

마르셀 뒤샹,「LHOOQ」(1919)

뒤샹은 모나리자의 복제화에 수염을 그려 넣고 LHOOQ(그녀의 엉덩이는 뜨겁다)라는 성적 암시를 넣어 예술의 권위와 예술에 대한 숭배를 파괴하였다. 패러디는 원본의 허구성을 폭로하고 그 권위에 도전하여 원본 예술이 가진 신화의 허구성을 벗겨내고자 한다.

2. 새로운 문화현상으로서의 패러디

　패러디의 생명은 비판 정신과 창조성에 있다.

　패러디는 원본의 방식을 차용하되 원본을 모방하고 조롱하는 차원을 넘어 원본의 허위와 위선을 폭로·비판하면서 새로운 가치와 의미를 만들어 낸다는 점에서 신선함이 있고 풍자(satire), 해학(humor), 익살(joke) 등을 통해 날카로운 비판의식과 예술적 감흥을 보여준다.

　패러디는 원본의 권위에 대한 비판적 태도를 견지하여야 하며 원본의 허구성을 폭로하고 그 권위에 도전하여 새로운 시각을 제공할 수 있어야 한다. 오늘날 패러디는 새로운 문화 창조와 수용의 기법으로 정착되어 문학, 음악, 미술, 대중예술, 패션 등 다양한 영역에 침투되고 있으며 패러디가 오히려 원본의 창조적 영감의 원천이 되기도 한다는 점에서 엄연한 문화 현상의 일부로 받아들여지고 있다.

　1988년 미국 대법원 판례는 허슬러 사건에서 패러디가 아무리 혐오스럽다 할지라도 공인에 대한 패러디 권리는 보호되어야 한다고 판시하였다.

생각하는 사람의 패러디 작품 「졸고 있는 사람」

패러디는 원본의 권위에 대한 비판적 태도를 견지하여야 하며 원본의 허구성을 폭로하고 그 권위에 도전하여 새로운 생각을 제공할 수 있어야 한다.

1. 삶이 곧 예술이다

해프닝은 우연성, 일회성, 관객참여로 전통미학의 전제를 해체한다. 해프닝은 현재 여기에서 일어나고 있는 것을 즉흥적으로 보여줌으로써 삶이 곧 예술이라는 것을 보여준다.

해프닝(happening)은 현재 여기에서 일어나고 있는 것을 즉흥적으로 보여줌으로써 예술이 삶의 현장에 존재한다는 것을 보여주고자 한다.

해프닝은 예술의 형식과 장르에 구애되지 않고 삶이 곧 예술임을 보여주고자 하며 무대, 공연장, 전시장이 아니라 공원, 광장, 시장, 부엌 등 일상적인 공간에서 이루어진다.

해프닝은 우리 삶의 고통이나 희망 등을 논리적인 말로는 더이상 전달할 수 없다는 것을 내세우며 우리의 삶 자체가 일회적이고, 일관된 논리에 의해 통제되지 않는다는 사실을 보여주고자 한다.

해프닝은 판에 박힌 일상에 낯선 체험을 제공함으로써 지금 여기(now and here)를 살아가고 있음의 중요성을 환기시킨다.

2. 해프닝은 기존 예술의 관습에 저항하는 정신적 모험의 실천이다

2006년도 백남준 장례식장에서의 넥타이 자르기는 예술이 권위의 틀에 갇히는 것을 거부하고 삶의 의례성을 깨뜨리고자 한 행위였다. 예술활동은 일상적인 삶 속에서, 죽음이라는 엄숙한 공간에서도 벌어지고 있다.

해프닝은 당연시되는 질서를 공격하고, 완성된 작품으로서 전시되고 보존되는 기존 예술의 관습에 저항하는 정신적 모험의 실천이다. 해프닝은 예술이 재화로서 소수의 사람들 사이에서 거래되는 것을 거부한다.

존 케이지의 '4분 33초'는 의례적인 연주회의 상식과 통념을 깨고 충격적 체험을 통해 음악 자체가 무엇인가에 대한 근본적인 질문을 전달하고자 하였다. 음악이란 음향의 한 부분이며 침묵과 웅성거리는 소리도 음악일 수 있다는 것이다.

2006년도 백남준 장례식장에서의 넥타이 자르기는 예술이 권위의 틀에 갇히는 것을 거부하고 예술이 삶 속에서, 특히 예술가의 죽음이라는 일상적인 공간에서도 일어난다는 것을 보여준 해프닝으로 평가된다.

어떤 작가는 얼음덩어리 20개를 길거리에서 녹게 내버려 두어 사물이 시시각각으로 변하는 과정을 송두리째 보여주었다.

3. 삶의 의례성 깨기

백남준의 누드 해프닝은 국빈방문기념 만찬장에서 발생하였다. 그곳은 외교행사가 벌어지는 형식적이고 의례적인 공간으로서 각자의 역할에 맞추어 제한된 움직임만 허용되는 곳이기 때문에 개인의 고유한 개성과 삶의 소중한 순간이라는 의미는 제거·배제된다.

백남준은 이 해프닝으로 지극히 의례적이고 틀에 박힌 행사장을 누드 파티로 만듦으로써 갑작스레 다가온 삶의 소중한 순간이라는 추억을 선물하고자 하였다. 이것은 물질화, 기계화, 몰개성화, 박제화 되어버린 현실 속에서 삶의 의례성을 깨뜨리고자 한 행위로 평가된다.

백남준의 누드 해프닝은 의례적이고 형식적인 분위기를 깨뜨렸다.

4. 순간에서 영원으로

지하철 결혼식은 이동이라는 의미밖에 없는 무의미한 공간을 이벤트 공간으로 변모시킨다. 해프닝은 예술이 삶의 소중한 순간을 되돌려주는 충격의 제공자가 되어야 한다고 믿는다.

해프닝(happening)은 순간에서 영원으로 이어지는 새로운 예술의 기능을 충격적으로 맛보게 한다. 해프닝 예술가들은 삶은 소중한 순간들의 연쇄적인 폭발이 되어야 하고 예술은 삶의 소중한 순간들을 되돌려 줄 수 있는 충격의 제공자가 되어야 한다고 믿는다. 그리고 그것을 달성하는 순간 예술 자체로 순간 속에서 영원히 소멸해야 한다고 한다. 이들에게 예술의 중요한 목표는 인생에 마법을 걸어 삶의 신비를 회복하는 것이다. 해프닝 예술에서 중요한 것은 지금! 여기! (here and now) 우리들의 삶 속에서 예술 활동이 벌어지고 있다는 것이다.

지하철 결혼식은 오로지 이동이라는 목표 외에는 삶의 모든 순간들이 소멸되는 무의미한 지하철이라는 공간을 이벤트가 벌어지는 곳으로 변모시킨다.

죽은 토끼에게 그림을 설명하는 요셉 보이스의 행동은 과학지상주의, 이성 중심의 사유가 초래한 반 자연적·반 환경적 상황에서 소통의 어려움을 나타낸다. 미술이 미술로서만 남고자 할 때 오히려 소통에 장애가 될 수 있으며 아우라를 상실한 시대의 미술은 의미의 창조보다 의미의 소통이 강조된다.

제12절 예술에 관한 명언

All art is an imitation of nature.

모든 예술은 자연의 모방이다.

– 아리스토텔레스

과거의 예술가들은 현실의 모습을 가장 잘 모방한 예술이야말로 진실을 드러내는 진짜 예술이라고 생각하였다. 이 때문에 예술가들은 대상을 최대한 현실과 가깝게 묘사하려고 하였다. 그러나 그 후 과학기술의 발전에 따라 카메라가 등장하면서 실제와 같은 그림은 의미가 없게 되었고 화가의 주관적 감정이 강조되기에 이르렀다.

Art creates reality newly.

예술은 현실을 새롭게 창조한다.

예술은 세상과 사물을 다르게 보고자 하며 항상 새로움을 추구하기 때문에 현실을 비판하고 재해석하며 현실을 새롭게 창조한다.

Art does not reproduce what we see; rather, it makes us see.

예술은 우리가 본 것을 재현하지 않는다. 그것은 우리가 보게끔 한다.

– 파울 클레

예술은 보이지 않는 것을 보이게 하여 새로운 경험을 제공함으로써 세계를 보는 안목을 넓혀 준다.

The principle of true art is not to portray, but to evoke.

진정한 예술의 원리는 묘사하는 것이 아니라 일깨우는 것이다.

Art is essential illusion. We need it not to be abolished by the truth.

예술은 필수적 환영이다. 진리에 의해 멸하지 않기 위해 예술이 필요하다.

- 니체

예술은 이성의 억압과 구속으로부터 해방시켜 자유로운 삶을 꿈꾸게 하며 세상이 아름다운 곳이라는 신화를 만든다. 예술이 환영이라 할지라도 그것은 필수적 환영으로서 현실의 부족한 부분을 메우고 현실을 위로하며 인생을 풍요롭게 한다.

The artist is the medium between his fantasies and the rest of world.

예술가는 자신의 상상과 다른 사람들 사이의 매개체이다.

예술적 상상은 현실에서의 탈피를 통해 일상을 잊게 한다. 예술가들은 상상을 통해 이상을 꿈꾸게 함으로써 사람들에게 휴식과 위안을 제공한다.

Art is high - dimensional deception and fraud.

예술은 고차원의 속임수이자 사기다.

- 백남준

예술은 삶에 덧칠을 하고 대중을 기망함으로써 삶에 마법을 걸고 삶을 아름다운 것으로 미화시킨다. 따라서 예술은 삶을 신비롭고 매혹적인 것처럼 만드는 고차원의 속임수이자 사기라는 것이다.

The aim of art is to represent not the outward appearance of things, but their inward significance.

예술의 목적은 사물의 외관이 아닌 내적인 의미를 보여주는 것이다.

- 아리스토텔레스

비극은 눈물을 통해 관객의 영혼을 정화시키는 카타르시스 작용이 있다. 아리스토텔레스는 예술은 도덕적 가치를 이끌어 내는 것이어야 한다고 하였다.

Art becomes rough if its contents go too far, and also become luxurious in case the formality is excessive.

예술은 내용이 지나치면 거칠게 되고 형식이 지나치면 사치스럽게 된다.

내용만을 중시하는 예술은 거칠게 되고, 형식에 치중하는 예술은 허례허식, 속 빈 강정이 된다. 형식과 내용은 불가분의 관계에 있으며 아름다움은 형식과 내용이 통일되어야 한다.

Art is satisfaction of indifference.

예술은 무관심의 만족이다.

- 칸트

예술은 실용적 목적과 무관하게 사람의 마음을 기쁘고 풍요롭게, 새롭게 한다. 이러한 입장은 효용성보다 미에 대한 순수한 관심을 옹호하는 예술지상주의와 통한다.

Without music, life would be mistake.

음악이 없다면 인생은 잘못된 것이다.

Comedy is simply a funny way of being serious.

희극은 그저 재미있게 진지한 것이다.

Unique works of art are created by questioning about existing beauty concepts.

개성 있는 예술작품은 기존의 미의 개념을 의문시하는 데서 나온다.

현대 예술가들은 예술작품에서 중요한 것은 아름다움이 아니라 그것으로 인해 새로운 질문을 갖게 되고 새로운 시선을 갖게 되는 것이라고 한다. 아름다움의 기준은 끊임없이 변화하는 것이며 개성 있는 예술작품은 이전의 미의 개념을 의문시 하는 데서 나온다.

Repetition is the death of art.
반복은 예술의 죽음이다.

예술은 세상과 사물을 다르게 보고자하며 항상 새로움을 추구한다.

The principal mark of genius is not perfection but originality, the opening of new frontiers.
천재성의 주요 표시는 완벽함이 아닌 독창성으로 새로운 미개척의 영역을 여는 것이다.

예술은 항상 새로움을 추구하며 예술작품의 가치를 결정짓는 것은 독창성과 창의력이다.

Art is beautiful expressions of things, not expressions of beautiful things.
예술은 아름다운 사물의 표현이 아니라 사물의 아름다움 표현이다.

– 칸트

예술가가 어떤 대상을 표현하는 데는 작가의 주관이 개입되며 예술은 작가의 관점에 따라 새롭게 재현되고 창조된다.

Art is either plagiarism or revolution.
예술은 표절이 아니면 혁명이다.

– 폴 고갱

Idea is salvation by imagination.
아이디어는 상상력에 의한 구원이다.

194

The art refusing communication with the public will become extinct.

대중과의 소통을 거부하는 예술은 사멸하게 될 것이다.

인간은 아름다움을 추구하며 아름다움을 타인에게 전하고 이해시키고자 한다. 엘리트에 독점되어 대중과의 소통을 거부하고 소수에 매몰되어 있는 예술은 고립되어 사멸할 수밖에 없다.

Only sick music makes money today.

오늘날에는 저급한 음악만 돈이 된다.

대중예술은 대중의 욕망에 직접적으로 영합하여 대중의 욕망을 즉각적으로 해소하는 방법으로 상업성을 추구한다.

The work of art is completed through interaction between artists and appreciators.

예술작품은 예술가와 감상자의 상호작용을 통해 완성된다.

예술작품은 작가의 의도와 작품만으로는 아무런 의미도 발생하지 않으며 작가의 의도와 작품 위에 그 의미를 생성하는 감상자가 있을 때 그 의미를 갖게 된다.

We only see what we know.

우리는 아는 것만 볼 수 있다.

– 괴테

예술은 지적인 이해가 없이도 감탄이나 공감을 불러일으킬 수 있다. 그러나 예술작품은 아는 만큼 보이기 때문에 예술작품에 대한 이해는 지적 쾌감, 작품에 대한 정서적 공감의 정도를 높이게 되고 삶을 한층 풍요롭게 한다.

There are facts, only interpretations.

사실이란 없고 해석만 있다.

– 니체

Interpretation is already existed prior to presence of actuality

사실이 있기 전에 미리 해석이 존재한다.

사람들은 사실이 있기 전에 이미 마음속에 자신의 입장에서 해석할 수 있는 프레임(의미구조)을 가지고 있으며 예술작품의 텍스트를 해석하는 입장에도 차이가 있다. 그 해석은 국가, 민족, 시대에 따라 다르다.

The great work is made by readers.

위대한 작품은 독자가 만든다.

진정한 예술작품은 그 의미를 생성하는 독자가 있을 때 작품의 의미를 갖게 되며 다양한 해석의 여지를 가진 위대한 작품은 열린 텍스트로서 독자의 해석 이라는 창조적 과정을 거칠 때 비로소 완성된다.

The death of author does not mean artistic destruction but the birth of the reader.

저자의 죽음은 예술의 죽음을 뜻하는 것이 아니라 독자의 탄생을 의미한다.

작품의 의미는 고정불변이 아니라 시대와 상황의 변화에 따라 다양한 해석의 여지를 가지고 있다. 어떤 상황에서도 유일무이한 해석이 가능한 작품은 없 으며 모든 예술작품은 상황과 맥락에 따라 다른 의미를 생산한다(저자의 죽 음). 저자의 죽음은 독자의 탄생을 의미한다. 의미를 생산하는 독자의 탄생은 예술의 죽음이 아니라 예술작품의 의미를 높이고 완성시킨다. 특히 비판적·능동적 사고를 가진 독자, 의식과 역량이 높은 독자가 많을 때 독자의 탄생은 더 긍정적 의미를 갖게 된다.

Popularity of mass culture does resisting functions on suppression of desire and governing system.

대중예술의 통속성은 욕망의 억압과 지배체제에 저항하는 기능을 한다.

대중예술의 통속성은 예술의 비판적 기능을 마비시키고 대중을 욕망의 노예로 만든다는 비판을 받는다. 그러나 대중예술의 통속성은 대중의 욕망을 반영하고 그것을 분출하게 함으로써 엄숙주의가 지닌 위선과 기만의 탈을 벗겨내고 지배체제를 조롱하고 비판하는 저항적 기능을 한다.

Art has been popularized due to the loss of its aura.
아우라의 상실로 예술은 대중화되었다.

오늘날은 복제기술의 발달로 원본과 복제품 사이에 차이가 없게 되어 아우라는 상실·해체되었다. 이로써 원본 예술이 가지는 권위주의, 귀족주의 경향이 사라져 예술이 대중화되었다는 장점은 있으나 대중의 감각과 정서가 표준화되어 예술에 대한 경외감, 신비감도 사라져 버린 것은 안타까운 일이다.

Aura is reborn in a new figure, not vanished.
아우라는 소멸된 것이 아니라 새로운 모습으로 거듭 태어난다.

무형예술이 가지는 1회적 현존성과 현장감은 복제할 수 없으며 오늘날에도 아우라는 1회성 예술, 특별한 의미와 분위기를 지닌 작품, 원본이 변형된 모습 등 다양한 형태로 나타난다.

In the time of missing aura, communication of meaning is much more important than creation of it in art.
아우라를 상실한 시대, 예술에 있어서는 의미의 창조보다 의미의 소통이 더 중요하다.

예술에 대한 경외감, 신비감이 사라지게 되면 예술가들은 창조자의 지위에서 의미를 전달하는 자의 위치에 서게 된다. 예술은 권위있는 화랑이나 명성있는 공연장을 떠나 대중화되고 이 시대의 예술에서는 의미의 창조보다는 의미의 소통이 중요시 된다.

Art is anything you can get away with.
예술은 당신이 일상을 벗어날 수 있는 모든 것이다.

- 앤디 워홀

예술은 일상으로부터 벗어난 새로운 상상의 세계로 우리를 안내하며 현실에서 맛볼 수 없는 욕구를 충족시켜 준다.

Andy Warhol represented the environment of art where there is no originality or the value of the originality has been lost.

앤디 워홀은 원본이 없거나 원본의 가치를 상실한 예술환경을 표현하였다.

앤디 워홀은 실크스크린 판화기법과 같은 복제기술을 사용하여 다양한 복제미술을 제작하였고 마릴린 먼로, 코카콜라 병 등 널리 알려진 대중적 이미지나 공산품, 광고 등을 가공만 하여 작품을 제작하였다.

Good business is the best art of all.

훌륭한 사업이야말로 가장 뛰어난 예술이다.

- 앤디 워홀

인간 이성에 대한 믿음을 강조했던 근대의 계몽주의와 합리적 사고를 소수자와 감성을 억압해 온 근대성 또는 이분법적 사고로 비판하고 탈근대화를 추구해온 포스트모더니즘(후기근대주의, 탈근대주의)은 예술에 있어서의 엄격함, 과도한 진지함에 반대하면서 복제, 패러디 등을 작품에 자주 사용한다. 포스트모더니즘 예술가들은 상업성을 추구하는 것이 예술의 위상을 추락시키거나 예술의 본래적 가치를 훼손시킨다고 보지 않는다. 앤디 워홀은 순수한 창작물이란 존재하는가에 대한 의문을 가졌고 소비사회의 이미지에 집중하여 예술작품의 독창성을 부정하였다. 그는 실크스크린을 사용하여 원작을 다양하게 복제하였으며 작업실을 공장이라고 불렀다. 포스트모더니즘예술에 대해서는 그것은 예술의 실패를 보여줄 뿐 어떤 창조적인 힘도 가지도 있지 않다는 비판이 있다.

Parody was endowed with a fate of killing one's paternity.

패러디는
친부 살해의 숙명을 타고 났다.

패러디의 생명은 비판 정신과 창조성에 있다. 패러디는 단순한 흉내내기, 모방이 아니라 원본에 대한 고의적 비틀기와 뒤집기를 통해 원본의 모순성과 원본이 지닌 신화의 위선과 허구성을 벗겨내고자 한다. 패러디는 원본을 훼손하고 원본의 권위를 무력화시킴으로써만 원본을 극복하고 자신의 생명과 에너지를 얻는다는 점에서 친부 살해의 숙명을 타고났다.

Happening shows that life belongs to art.

해프닝은 삶이
곧 예술이라는 것을 보여준다.

해프닝은 현재 여기에서 일어나고 있는 것을 즉흥적으로 보여줌으로써 예술
이 삶의 현장에 존재한다는 것을 보여주고자 하며 판에 박힌 일상에 낯선 체
험을 제공함으로써 기계화·박제화된 의례적인 일상의 삶에서 벗어나 『지금
여기(here and now)』를 살아가고 있음의 소중함을 환기시킨다.
해프닝 예술에서 중요한 것은 현재 우리들의 삶 속에서도 예술활동이 벌어지
고 있다는 것이다.

해프닝은 즉흥적이고 순간적인 예술이다.

Happening is an extemporary and instantaneous art.

예술가들은 삶은 소중한 순간들의 연속이고 예술은 삶의 소중한 순간들을 되돌려 줄 수 있는 충격을 제공해야 한다고 믿는다. 그리고 그 목적을 달성한 순간, 예술 자체로 순간 속에서 영원히 소멸해야 한다고 한다. 이 때문에 해프닝은 그 순간을 함께 했던 사람들의 체험과 기억들 속에서만 존재하는 즉흥적이고 순간적인 예술이다.

3

나이듦에 대하여

제3장 나이듦에 대하여

제1절 청춘은 아름답지만 너무 빨리 지나간다

갈대밭에서 사람이 죽으면 들쥐들이 아직 체온이 남아있는 시체의 간과 신장을 파먹고 피를 마시며 아름다운 시간을 보낸다. 청춘은 이토록 짧은 것이다. 청춘은 봄에 피는 꽃과 같이 짧고 우리의 봄날은 너무 빨리 지나간다. 아름답지만 짧은 청춘, 청소년들은 이 시기를 어떻게 보내야 할 것인가를 깊이 고민하고 숙고해야 한다.

- 사회생활을 하게 되면 책만 읽고 있을 수 없게 되므로 젊을 때 지식 쌓기에 열중해야 한다. 그렇게 하지 않으면 내가 원하는 모습으로 세상을 살아갈 수 없게 된다.

- 놀이는 내게 맞고 진정한 즐거움과 위안을 줄 수 있는 것을 찾아서 해야 하며 나쁜 종류의 쾌락에 빠져 인생의 방향을 읽어버리지 않도록 해야 한다.

- 원대한 목표를 세우고 끈기 있게 준비하여야 하며 부지런히 배워서 평생 사용할 수 있는 자신만의 무기를 갈고 닦아야 한다.

젊음은 다시 오지 않고
새벽은 하루에 두 번 오지 않는다.
때에 이르러 마땅히 노력할 지어니
세월은 사람을 기다려주지 않는다.

도연명

청춘은 봄에 피는 꽃과 같이 짧다. 아름답지만 짧은 청춘, 청소년들은 이 시기를 어떻게 보내야 할 것인가를 깊이 고민하고 숙고해야 한다.

처음에 보자기 한 장이 온전히 내 것으로 왔겠지
학교에 들어가면서 보자기는 조각나기 시작했지
… 정신없이 갈라지기 시작했지
어느덧 중년
시간의 보자기를 기우며 사네

김선우 시 「보자기의 비유」중에서

사람들은 누구나 자신이 원하는 모습으로 영예롭게 살아가고자 한다. 어릴 때는 세상이 온전히 내 것으로 보이고 상상하는 모든 일이 마음대로 될 것 같지만 학교에 들어가고 사회생활을 하게 되면 자신의 삶은 온전함을 잃고 조각나기 시작한다. 중년이 되면 나 자신으로 온전히 살지 못하고 부모로, 직장에서 맡은 역할과 책임으로 살아가느라 주름이 생긴다. 중년은 시간의 보자기를 기우는데 급급하다. 중년 이후의 삶은 미래를 덮지 못하는 처량한 조각보, 계속 갈라지는 조각보를 계속 기우며 쫓기듯 살아야 한다.

중년에는 내가 미래를 좌지우지하겠다는 욕망을 버리고 자신이 잘하는 분야에서 최선을 다하는 것에 만족할 필요가 있다. 나아가 꿈과 이상을 잃지 않고 정열과 용기, 참신한 생각으로 신선함을 유지하여 마음에 주름이 가지 않도록 하는 것이 중요하다.

제3절 노년 - 성숙의 계절

떫고 비린 곶감도 가을이 되면 붉게 익듯이 나이가 들면 성숙해진다. 노년은 풍부한 경험과 삶의 지혜로 인생을 아름답게 물들일 수 있는 중요한 시기다.

이 맑은 가을 햇살 속에선
누구도 어쩔 수 없다
그냥 나이 먹고 철이 들 수밖에는
젊은 날
떫고 비리던 내 피도
저 붉은 단감으로 익을 수밖에는

허영자『감』

　　떫고 비린 풋감 같은 젊은 시절도 감이 붉게 익듯이 나이가 들면 성숙해진다. 노년은 아무 쓸모 없고 참고 견뎌야 하는 고통의 시기가 아니다. 가을의 영혼에는 노련미의 원숙함, 삶의 경륜과 지혜가 담겨있고 노년은 풍부한 경험으로 인생을 아름답게 물들이고 사회에 기여할 수 있는 중요한 시기다.

하루해가 저물었지만 연기와 노을이 아름답고
한 해가 저물려 하지만 귤은 더욱 향기롭다.

채근담

제4절 노년의 일반적 성향과 자기관리

　노인들은 사는 동안 실수와 쓴 경험을 많이 하였고 지나온 삶이 만족스럽지 않았기 때문에 냉소적이고 의심이 많다. 그들은 일을 열심히 사랑하지도 심하게 증오하지도 않으며 편견이 이끄는 대로 행동한다. 노인들은 인생살이 앞에 무릎을 꿇었기에 속이 좁고 그들의 욕망은 더 고매하거나 비범한 것을 겨냥하는 법이 없다. 돈은 벌기 어렵고 쓰기는 쉽다는 것을 경험하여 깨달았기 때문에 그들은 돈에 인색하다. 노인들은 겁쟁이들이고 늘 미리 걱정하며 산다. 그들의 기질은 차디차다. 이들은 두려움으로 차갑게 얼어있는 것이다.

아리스토텔레스『수사학』중에서

　늙는다고 하여 모든 사람이 괴팍하고 비참하고 황량해지는 것은 아니다. 노년의 성향은 개개인의 성품에서 비롯되는 것이고 자기 관리에 달려있다. 키케로는『노년에 관하여』에서 자연에는 각 시기에 어울리는 특징이 있으며 노년의 특징은 원숙함이므로 나이 드는 것 자체가 인생을 망가뜨리는 것은 아니라고 하였다. 포도주는 정성스레 가꾸면 시간이 흐를수록 명품이 되는 것처럼 노년은 자기 하기 나름이며 노년에는 자기관리가 그만큼 중요하다는 것이다.

이 세상에 믿을것은 하나도 없어. 나를 지켜주는 것은 돈밖에 없어.

> 일반적으로 노인들은 사는 동안 실수와 쓴 경험을 많이 했기 때문에 냉소적이고 의심이 많다. 돈은 벌기 어렵고 쓰기 쉽다는 것을 깨달았기 때문에 돈에 인색하다. 그러나 모든 사람이 그렇게 되는 것은 아니며 자기 관리에 달려있다.

제5절 노년에 대한 편견

나이가 들면 육체가 약해지는 것은 사실이지만 경험과 지혜가 늘어나게 되므로 젊은이들 못지않게 일할 수 있다. 또 노년에는 욕망에서 멀어지므로 정신을 고양시켜 좀 더 차원 높은 쾌락을 맛볼 수 있다.

- 노년에는 일을 할 수 없다는 편견

  나이가 들면 육체가 약해지지만 이때문에 무능해지지는 않는다. 늙어서 힘 자랑을 할 것이 아니라면 경험과 경륜을 살려 자신의 능력에 어울리는 일을 할 수 있다.

- 노년에는 쾌락을 즐길 수 없다는 편견

  키케로에 의하면 "무대로부터 멀리 떨어진 자리에서도 연극을 볼 수 있듯이 노년에도 젊을 때처럼 강렬하지는 않지만 쾌락을 느낄 수 있다. 수많은 악들이 쾌락을 얻기 위해 저질러지는 것을 생각하면 쾌락에서 멀어진 것은 축복이 될 수도 있다"고 하였다. 육체의 쾌락에서 멀어지게 되는 노년에는 건전한 이성과 판단을 잘 유지하여 좀 더 차원 높은 쾌락을 맛볼 수 있다.

- 노년은 쇠퇴 · 퇴보의 시기라는 편견

  육체와 달리 정신은 나이가 들어도 갈고 닦을수록 고양된다. 노년은 노쇠의 과정이 아니라 생기 넘치는 삶의 한 과정이며 그것을 쇠퇴와 퇴보로 보는 것은 잘못이다. 노년이 죽음으로부터 멀지 않음은 사실이다. 그렇다고 젊은이들이 더 멀리 있지도 않다. 노년은 열매가 익어 땅에 떨어질 때가 되는 것처럼 자연 변화의 일부일 뿐이며 두렵거나 회피할 것이 못 된다. 노년기의 체력저하는 자연에 따른 현상이며 그 대신 원숙함과 풍부한 경험, 지혜를 갖추고 젊은이들을 이끌 수 있다.

제6절 청춘은 마음가짐에 달려 있다

젊음은 인생의 한 시기가 아니요, 마음의 상태다.
장밋빛 볼과 붉은 입술, 유연한 무릎이 아니라
씩씩한 의지, 풍부한 상상력, 불타오르는 정열이다.
청춘이란 인생이란 깊은 샘의 신선함이다.

새뮤얼 얼먼 『젊음』

청춘은 인생의 한 기간이 아니라 마음가짐을 말한다.

씩씩하고 늠름한 의지력, 풍부한 상상력, 불타는 정열, 샘물같이 솟아오르는 청신함, 용기, 이상이 있을 때는 늙지 않는다.

반면 영감이 끊기고 정신의 냉소에 눈이 덮이고 비난의 얼음 속에 빠져들면 스무살의 나이에도 사람은 늙는다. 세월은 피부에 주름을 더하지만 이상을 버리고 정열을 잃으면 영혼에 주름이 생긴다. 나이가 몇이든 간에 새로운 것에 대한 호기심, 변화를 받아들일 수 있는 자세, 인생에 대한 흥미와 환희를 간직한다면 여든 살이라도 인간은 청춘으로 남는다.

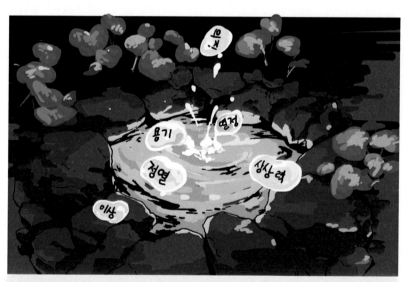

젊음은 인생의 한 시기가 아니라 마음의 상태다. 청춘은 인생이란 깊은 샘의 신선함이다.

새뮤얼 얼먼

제7절 노년은 인생의 황금기

피카소는 70대에 새로운 회화 양식을 개척하였고 이병철 전 회장은 73세에 반도체 사업을 시작하였다. 노년은 경험과 경륜을 살려 인생의 절정을 맛보는 역동적 시기가 될 수 있다.

경험 없이 지식만 가진 이들보다는 풍부한 경험을 가진 이들이 더 옳은 판단을 내린다.

아리스토텔레스『니코마코스 윤리학』

위대한 국가들이 젊은이들 때문에 와해되고 노인들에 의해 회복되었다.

키케로『노년에 관하여』

노년은 고된 노동에서 해방되고 쾌락의 욕망에서 멀어짐으로써 마음의 평안을 얻는 시기이다. 이 때문에 노년은 새로운 욕망, 고차원의 욕망을 추구할 수 있는 시기이며 경험과 경륜을 살려 인생의 절정을 구가하는 역동적 시기가 될 수 있다. 창의력의 정점은 20대 후반에서 50대, 추상화 능력과 개념구성의 능력은 50대에서 80대가 절정기라고 한다. 따라서 노년을 쇠퇴나 퇴보로 보는 것은 잘못된 생각이다.

피카소는 70대에 새로운 회화양식을 개척하였고, 이병철 전 회장은 73세에 반도체 사업을 시작하였으며 96세에 사망한 피터 드러커는 죽기 5일 전까지 글을 썼다고 한다.

잘 활용하는 방법만 안다면 노년은 온통 즐거움으로 가득 차있다.

세네카

　노년은 위험한 항해를 무사히 마치고 항구로 돌아오는 배, 결승점을 통과하는 마라톤 선수와 같다. 노년은 청춘의 시기에 지니지 못한 것을 비로소 얻게 되는 인생의 선물이며 선택받은 사람들이 누릴 수 있는 특권이다.

　노년은 아무나 맞이할 수 있는 것이 아니다. 질병과 사고, 전쟁, 경제적 어려움 등 수 많은 삶의 위기로부터 살아남아야 노년을 맞이할 수 있다. 결승점에 다다른 사람이 다시 출발점으로 가기를 원하지 않듯이 제대로 생애를 보낸 사람은 노년을 거부하지 않는다.

　노년은 꽃피는 청춘의 시기에 지니지 못한 것을 비로소 얻게 되는 인생의 선물이며 제대로 삶을 산, 선택받은 사람들만이 누릴 수 있는 특권이다.

　젊음은 아름답지만 노년은 찬란하다.

빅토르 위고

　노년은 위험한 항해를 마치고 무사히 항구로 돌아오는 배, 결승점을 통과하는 마라톤 선수와 같다. 수많은 위험과 유혹을 이겨내고 무사히 안식처로 돌아오는 사람이 출발점으로 되돌아가기를 원하지 않듯이 제대로 생애를 보낸 사람은 노년을 거부하지 않는다.

제9절 인생의 짧음에 대하여

사람들은 사는 동안 삶의 본질을 잊어버리고 환영에 대한 다툼 속에서 시간을 낭비하면서 살아간다.

꺼져라 짧은 촛불이여!
인생은 걸어 다니는 그림자.
주어진 시간 동안 무대에서 활개치고 안달하다가
사라지는 슬픈 배우

셰익스피어『맥베스』

맥베스의 독백은 살인과 악행을 저지르며 헛된 싸움으로 인생을 낭비한 한 인간의 피맺힌 절규다. 인생은 지나가는 그림자와 같고, 문틈으로 백마가 달려가는 것을 보는 것과 같다고 하였다. 그러나 사람들은 죽음에 이르러서야 이 사실을 알게 된다. 사람들은 사는 동안 삶의 본질을 잊어버리고 환영에 대한 다툼 속에서 살아간다. 인생의 궁극적 목적은 행복인데 사람들은 쾌락이 주는 순간적인 행복에 만족하지 못한다. 그렇다면 지혜와 미덕을 갖추고 개성을 발휘하여 세상을 아름답게 하고 사랑을 베풀고 영혼이 만족하는 삶을 살아가야 한다. 그러나 사람들은 삶의 목적지와 방향을 잃고 헛된 싸움에 시간을 낭비하며 살아간다.

제10절 인생의 모든 순간은 다 소중하다

    인간의 삶에는 나이의 잣대로만 판단할 수 없는 가치들이 곳곳에 존재하고 젊은이든 노인이든 하루라는 시간은 동일하다. 주어진 시간은 누구에게나 다 소중하기에 우리는 최선을 다해 그 시간을 살아가야 한다.

나는 가끔 후회한다
그때 그 일이 노다지였을지도 모르는데……
더 열심히 파고들고
더 열심히 귀 기울이고
더 열심히 사랑할 걸……

                        정현종 시 『모든 순간이 꽃봉오리인 것을』 중에서

    사람들은 "몇 년만 더 젊었더라면" 하면서 스스로 할 수 있는 일의 범위를 축소시키고 나이 탓을 하며 새로운 시도를 주저한다. 이것은 삶의 중요한 부분을 지워버리는 것이다.

제11절 아름다운 퇴장

열매를 맺기 위해 꽃은 가지를 떠나야한다. 꽃은 가야할 때가 언제인가를 분명하게 알고 떠난다. 노년에는 절제의 미덕을 발휘하여 아름다운 퇴장을 준비해야 한다.

가야 할 때가 언제인가를
분명히 알고 가는 이의
뒷모습은 얼마나 아름다운가

이형기 『낙화』

열매를 맺기 위해서 꽃은 가지를 떠나야 한다. 꽃은 가야 할 때가 언제인가를 분명히 알고 떠난다. 싹이 트고 꽃이 피고 열매를 맺고 씨앗이 떨어지고 자연의 섭리에는 어김이 없다. 모든 존재는 무상한 것이며 그에 집착할 필요가 없다. 노년에는 절제의 미덕을 발휘하여 아름다운 퇴장을 준비해야 한다.

세익스피어는 자신의 작품이 왕이 세운 대리석, 금빛 찬란한 기념비보다 오래 남을 것이라고 하였으나 말년에는 작품을 보존하는데 관심을 기울이지 않았고 고향으로 돌아가 몸을 낮추고 자유를 누리며 살았다. 이로 인해 그의 작품들은 더 큰 마력을 얻게 되었고 인류가 지켜나가야 할 아름다운 유산이 되었다.

미국 초대 대통령 조지 워싱턴은 4년의 두 번 임기를 마치고 3선이 유력하였음에도 정계를 은퇴하였다. 그의 뒤를 이은 대통령들이 이 선례를 따름으로써 3선 금지라는 미국의 전통이 탄생하였다. 절제의 미덕으로 세운 이 위대한 전통은 사람들이 자발적으로 따르고 복종하는 권위를 획득하게 되었다.

- 그림 중앙의 바닷가에서 놀고 있는 어린이들은 유년시절의 기쁨, 행복, 희망을 나타낸다.
- 어린이들을 향해 돛을 펼친 배는 앞으로 살아가면서 실현될 무한한 가능성과 희망을 상징한다.
- 뒤돌아선 남자는 노년을 의미하며 그림 오른쪽 아래에 있는 뒤집힌 배의 모습은 관을 연상케 한다.
- 뒤집힌 배가 노년의 신사를 향하고 있는 것은 그에게 다가온 죽음을 암시한다.
- 수평선에 떠 있는 배들은 다음 세상으로 향하는 여정을 나타낸다.

　새로 태어나는 것은 막 출항하는 배와 같다. 새로 태어난 아이에 대해서는 앞으로 닥칠 인생의 고난과 유혹을 이겨낼 수 있을지를 걱정해야 한다. 노년은 위험한 항해를 무사히 마치고 항구로 돌아오는 배와 같다. 수많은 위험과 유혹을 이겨내고 무사히 안식처로 돌아오는 배를 기뻐하고 축하해 주어야 한다. 따라서 태어날 때 기뻐하고 축복을 보내는 것, 죽을 때 슬퍼하는 것은 오류이다.

탈무드

제13절 나이듦에 대한 명언

This day will never dawn again.

오늘은 다시 오지 않는다.

Time and tide wait for no man.

세월은 사람을 기다려 주지 않는다.

- 도연명

젊음은 다시 오지 않고 새벽은 하루에 두 번 오지 않는다. 때에 이르러 마땅히 노력하고 짧은 시간이라도 헛되이 보내서는 안된다.

After midlife, we are busy to sew the time cloth.

중년 이후의 삶은 시간의 보자기를 기우는데 급급하다.　　　- 김선우

어릴 때는 세상이 모두 내 것으로 보이고 자신이 원하는 모습으로 온전한 삶을 엮어 나갈 것이라고 생각한다. 그러나 사회생활을 시작하면 모든 것이 내 뜻대로만 되지 않고 갈라지는 조각보를 계속 기우듯이 쫓기며 인생을 살아가게 된다.

At eventide, sunset and smoke look more beautiful and at year end, tangerines smell sweeter.

하루 해가 저물 때는 연기와 노을이 아름답고, 한 해가 저물 때 귤은 더욱 향기롭다.

- 채근담

노년은 노련미와 원숙함, 삶의 경륜과 지혜로 인생을 아름답게 물들이고 사회에 기여할 수 있는 중요한 시기다.

Old ages are cynical and suspicious. They always worry about something in advance.

노인들은 냉소적이고 의심이 많다. 그들은 늘 미리 걱정하며 산다.

– 아리스토텔레스

노인들은 사는 동안 실수와 쓴 경험을 많이 하였고 지나온 삶이 만족스럽지 않았기 때문에 냉소적이고 의심이 많다. 그러나 나이가 든다고 해서 모든 사람이 그렇게 되는 것은 아니다. 노년에 대한 편견은 개개인의 성품에서 비롯되는 것이고 자기관리에 따라 그 성향은 다르게 된다.

The older we are, the weaker our bodies are. However, this doesn't mean we become incompetent.

나이가 들수록 육체가 쇠약해진다. 그러나 이 때문에 무능해지지는 않는다.

– 키케로

노년의 체력저하는 자연에 따른 현상으로 슬퍼할 일이 못 된다. 정신은 닦을수록 고양되므로 노년에는 마음과 정신연마에 힘써야 하며 그렇게 한다면 노년에도 경험과 경륜을 살려 자신의 능력에 어울리는 일을 더 잘할 수 있다.

Great countries were collapsed by young people and recovered by old people.

위대한 국가들이 젊은이들 때문에 와해되고 노인들에 의해 회복되었다.

– 키케로

나이 든 이들은 육체적으로 쇠퇴하였지만 욕망이라는 사나운 주인에게서 빠져 나와서 무엇이 옳고 그른지를 볼 수 있는 숙련된 눈을 가졌다. 노년의 경륜, 지혜, 원숙함은 사회를 조화롭게 할 수 있다.

Old ages' lives were the special right for the selected people only can enjoy.

노년의 삶은 선택받은 사람들만이 누릴 수 있는 특권이다.

People shrink their work ranges as saying "If I were younger."

사람들은 "몇 년만 더 젊었더라면" 하면서 자신이 할 수 있는 일의 범위를 축소시킨다.

How beautiful it is the back of the one who goes when they know when to go.

가야 할 때가 언제인가를 분명히 알고 가는 이의 뒷모습은 얼마나 아름다운가?

이형기 『낙화』

열매를 맺기 위하여 꽃은 가지를 떠나야 한다. 모든 존재는 무상한 것이며 변화는 필연적이므로 집착할 필요가 없다. 노년에는 무상한 것에 집착하고, 잃지 않으려고 발버둥 칠 것이 아니라 지위, 재산, 삶에 대해서도 아름다운 이별을 준비해야 한다.

Knowledge in youth is wisdom in life.

젊어서 지식은 늙어서 지혜이다.

Wisdom comes along through suffering.

지혜는 고통을 통해 체득된다.

가을의 영혼에는 지혜가 담겨 있다. 노년의 지혜는 인생살이 동안 많은 경험을 하고 수많은 고통을 겪으면서 체득된 것이다.

Life's tragedy is that we get old too soon and wise too late.

인생의 비극은 우리가 너무 일찍 늙고 너무 늦게 현명해 진다는 것이다.

– 벤자민 프랭클린

Youth is not a time of life; It is a state of mind.

젊음은 인생의 한 시기가 아니라 마음의 상태다.

- 새뮤얼 얼먼

젊음은 인생의 한 시기가 아니라 마음의 상태이다. 장밋빛 붉은 입술, 유연한 무릎이 아니라 씩씩한 의지, 풍부한 상상력, 불타오르는 정열이다.
새뮤얼 얼먼

Youth is the freshness of the deep springs of life.

청춘은 인생이라는 깊은 샘에서 솟아나오는 신선함이다.

- 새뮤얼 얼먼

청춘은 샘물같이 솟아오르는 청신함이다. 영감이 끊기고, 참신함을 잃고 정신의 냉소에 눈이 덮이고, 비난의 얼음 속에 빠져들면 스무살의 나이에도 사람은 늙는다. 경이로움에 끌리고 탐구심에 불타고 신선한 감각을 잃지 않는다면 여든살이라도 인간은 청춘으로 남는다.

Nobody grows old merely by a number of years. We grow old by deserting our ideals.

사람은 나이를 먹는다고 늙는 것이 아니라 꿈과 이상을 잃을 때 늙는다.

- 새뮤얼 얼먼

인생에 대한 흥미와 환희, 미래에 대한 탐구심, 꿈과 이상을 잃는다면 나이가 몇이든 간에 사람은 늙는다.

Years may wrinkle the skin, but to give up enthusiasm wrinkles the soul.

세월이 피부를 주름지게 할지라도 열정을 포기하는 것은 영혼을 주름지게 한다.

- 새뮤얼 얼먼

So long as Your heart receives messages of beauty, hope, cheer and courage, you are young.

당신의 심장이 아름다움, 희망, 기쁨과 용기의 메시지를 받는 한 당신은 젊다.

- 새뮤얼 얼먼

Aging is a new stage of opportunity and strength.

나이가 드는 것은 기회와 힘의 새로운 단계다.

나이가 든다는 것은 변한다는 것이다. 변화는 피할 수 없다. 변화는 쇠퇴가 아니라 다음 변화를 위한 길을 만들어 주는 것이므로 새로운 기회와 힘을 얻게 된다.

Every day is a new life to a wise man.

현명한 사람에게는 하루하루가 새로운 삶이다.

Anyone who keeps the ability to see beauty never grows old.

아름다움을 볼 수 있는 능력을 지닌 사람은 늙지 않는다.

- 프란츠 카프카

That which does not grow, dies. What grows never grows old.

성장하지 않는 것은 죽는다. 성장하는 것은 늙지 않는다.

젊음이란 샘물같이 솟아오르는 청신함이다. 인생은 변화를 받아들이고 그에 적응하면서 항상 무엇인가를 배우겠다는 자세로 살아가야 한다.

You are as young as your faith, as old as your doubts.

사람은 자신의 믿음만큼 젊고, 후회만큼 늙었다.

You are as young as your self-confidence, as old as your fears.

사람은 자신의 자신감만큼 젊고, 두려움만큼 늙었다.

You are as young as your hope, as old as you despair.

사람은 자신의 희망만큼 젊고 절망만큼 늙었다.

Growing old is mandatory - Growing up is optional.

나이 드는 것은 강제적이다. - 성장하는 것은 선택적이다.

Take time to play, it is the secret of perpetual youth.

시간을 내어 놀아라. 그것은 영원한 젊음의 비결이다.

- 아일랜드의 기도

Old and young, we are all on our last cruise.

늙었거나 젊었거나 우리는 모두 마지막 항해길에 있다.

On the sands of hesitation, lay the bones of countless millions.

망설임의 모래밭에 수많은 사람들의 뼈가 놓여있었다.

사람들은 너무 늦었다고, 해도 안된다고 생각하면서 성공 직전에 그만둔다. 성공한 사람들은 승리의 새벽에 승리를 눈앞에 둔 곳에 수많은 해골들이 쌓여 있는 것을 보게 된다.

Don't squander time. That is the stuff of life.

시간을 낭비하지 말아라. 그것은 인생의 재료다.

We never know the worth of water till the well is dry.

우물이 마르기 전에는 물의 가치를 알지 못한다.

우리는 너무 늦게서야 중요한 사실을 알게 되고 인생이 생각보다 길지 않다는 것을 깨닫게 된다. 젊음으로 돌아간다면 다시 이렇게 살아보겠다고 생각해보지만 시간은 되돌릴 수 없고 더이상 기회는 주어지지 않는다.

Dream as if you'll live forever. Live as if you'll die tomorrow.

영원히 살 것처럼 꿈꾸고 내일 죽을 것처럼 살아라.

Don't hesitate just because you are old, but challenge whatever you want to do!

늙었다고 주저하지 말고 원하는 것이라면 무엇인지 도전하라!

Beautiful young people are accidents of nature, but beautiful old people are works of art.

아름다운 젊음은 우연한 자연의 현상이지만 아름다운 노년은 예술작품이다.

Yesterday is history, Today is a gift. Tomorrow is a mystery.

어제는 역사, 내일은 미스테리, 오늘은 선물이다.

present(현재)는 선물이라는 뜻도 가지고 있다.

Life is but a walking shadow, a poor player that struts and frets his hour upon the stage.

인생은 걸어 다니는 그림자. 주어진 시간 동안 무대에서 활개 치고 안달하다가 사라지는 슬픈 배우

– 셰익스피어

헛된 야망을 꿈꾸며 살인과 악행을 저질러온 맥베스는 뒤늦게 이 사실을 깨닫고 죽어가면서 처절하고도 슬픈 독백을 남긴다.

나는 한 가지를 더 알면서 죽고 싶다.
- 소크라테스

I want to die knowing one more thing.

Youth is beautiful, and old age is splendid.

청춘은 아름답고 노년은 찬란하다.

삶의 각 단계에는 그에 걸맞는 특징들이 있다. 청년에게는 격렬함이 노년에게는 무르익음이 그것이다. 인간에게 주어진 일과 의무는 나이와 상황에 따라 달라지는 것이며 우리는 주어진 시간을 낭비하지 말고 인생을 덕스럽고 가치 있게 변화시켜 찬란한 노년을 맞이하도록 해야 한다.

4

죽음

제4장 죽음

제1절 전통적 죽음
1. 삶의 일부로서의 가족적이고 친숙한 죽음

근대 이전의 사람들은 죽음을 바로 옆에서 일어나는 일이자 친밀한 자연적 현상으로 받아들였다. 그 시대에 죽음은 가족적이고 친숙한 것이었다.

근대 이전의 사람들은 죽음을 바로 옆에서 일어나는 일이자 친밀한 자연적 현상으로 받아들였다. 역사학자 P. 아리에스는 그의 저서『죽음의 역사』에서 이를 '길들여진 죽음'이라고 표현하였다. 근대 이전 서양의 대다수 사람들은 자기 집의 침대에서 죽음을 기다렸다. 죽음은 공적으로 조직된 종교적 의식행위였기 때문에 죽어가는 사람의 침실은 공적인 장소로 변해 가고 있었으며, 그곳에 사람들은 위생과 상관없이 자유롭게 드나들었다. 또한 죽지 않겠다고 버티거나 하지 않고 '조용히' 죽음을 받아들였다. 따라서 청산해야 할 일들은 미루지 않고 조용하게 처리하였고, 유산도 누구의 몫인지 미리 정하였다. 죽음은 가족적이고 동시에 '친숙한' 그 무엇이었던 것으로 여겨졌고, 죽음의 친숙성이란 살아있는 자들과 죽은 자들의 '공존'이었다. 아리에스가 '길들여진 죽음'이라고 명명한 것은 바로 이러한 모습이었다.

2. 무덤은 죽은 자와 산 자의 공존의 공간이었다

죽은 이가 묻혀 있는 공간은 산 자와의 공존의 공간이었다. 중세 서양의 교회는 본당과 종루, 그리고 묘지를 모두 포함하고 있었는데 여기에 죽은 자들이 매장되고 있었다는 사실은 교회와 그 안뜰이 공공적인 장소로 용인되었음을 의미하였다. 묘지는 사람들의 '은신처'로도 사용되었고 사람들이 상거래를 하거나 춤을 추는 곳 등으로 활용되었으며 모든 사람이 함께 어울리는 쾌락의 장소이기도 했다. 사람들은 자신들과 가까운 사람들이 묻혀있는 장소에서도 친밀감을 느끼고 있었다. 죽음과의 친밀성은 자연의 질서를 수용하는 것일 뿐 우리 모두가 죽게 된다는 생각은 너무나 자연스런 감정으로서 인내심이 필요하거나 괴로움, 불쾌감을 주는 것이 아니었다.

중세 서양의 교회는 묘지를 포함하고 있었다. 이곳은 사람들의 은신처로도 사용되었고 상거래를 하거나 춤을 추는 등 공공장소로도 이용되었다. 죽음은 자연스러운 것이었으며 사람들이 묻혀있는 장소도 친밀감을 주는 곳이었다.

제2절 현대적 죽음
1. 야성적 죽음, 거친 혁명으로서의 죽음

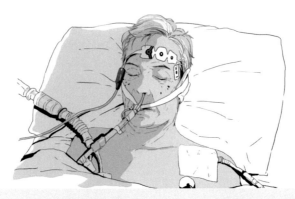

현대 산업사회에서 대부분의 사람들은 집안이 아닌 병원에서 죽음을 선고받는다. 아리에스에 의하면 죽음은 예전의 아름다운 규칙성을 상실하였고 죽음은 후퇴했다. 아리에스는 이를 '야성적인 죽음' 또는 거친 혁명으로서의 죽음이라고 표현하였다.

현대 산업사회에서는 대부분의 사람들이 침대나 집 안이 아닌, '병원'에서 죽음을 선고받는다. 역사학자 아리에스는 그의 저서『죽음의 역사』에서 이것을 '야성적인 죽음' 혹은 '거친 혁명으로서의 죽음'이라고 불렀다. 병원에서는 환자를 살리지 못하는 것을 패배로 간주하여 환자나 가족에게 그 사실을 알려주는 것을 가급적 지연시키고 있고 이 때문에 죽음은 이제 부모형제, 친지, 이웃, 친구들이 모여 있는 가운데 죽어가는 사자死者가 주도하던 의식으로서의 성격을 잃게 되었다. 아리에스의 의하면 현대 사회에서 죽음은 예전의 아름다운 규칙성(예고-작별)을 상실하였고 죽음은 후퇴했다. 죽음은 집을 떠나 병원으로 갔다. 이제 죽음은 일상의 친숙한 세계에서는 존재하지 않는다. 현대인은 물질적 풍요와 생명연장의 의료기술의 영향으로 현재의 행복에 치중하느라 충분히 그리고 가까이서 죽음을 보지 못함으로써 죽음을 망각했다. 죽음은 '야성적인' 존재로 낯설어졌다는 것이다.

현대의학은 죽음의 과정을 연장하려는데 주력하며 강력한 약과 주사로 마음의 평정을 해치고 죽어가는 사람을 편안하게 사후세계로 인도하는 것을 방해한다. 사람들은 전쟁터에서 총 맞아 죽는 것처럼 거칠게 죽는다. 이것이 아름다운 이별인가?

2. 죽음의 격리

알폰스 데켄은『죽음을 어떻게 맞이할 것인가』에서 죽음은 원래 삶의 일부로서 우리 곁에 있는 친숙한 현상이었으나 의료기술의 발달에 따라 죽음이 터부시되고 삶의 현장에서 격리되어 병원의 밀실로 들어가게 되었다고 한다. 중세 유럽에서는 '메멘토 모리(Memento mori, 죽음을 기억하라)' 사상이 폭넓게 퍼져 있었고 당시 사람들에게 죽음은 터부의 대상이 아니었으며 과거에는 죽어가는 사람을 한 걸음 먼저 길을 떠나는 선배로 생각하고 소중하게 보살피는 것이 일반적인 경향이었다고 한다. 그러나 현대에 이르러 과학만능주의와 기술숭배현상에 따라 병원에서는 환자의 죽음을 패배로 간주하였고 죽음이 과학만능주의, 기술숭배경향을 거역하는 현상으로 간주되어 의학계가 인간의 한계에 대항하는 상황 아래서 죽음을 삶의 현장에서 격리시키고 터부시하는 경향이 한층 더 심해졌다는 것이다.

> 죽음은 원래 삶의 일부로서 우리 곁에 있는 친숙한 현상이었으나 의료기술의 발달에 따라 죽음이 터부시 되고 삶의 현장에서 격리되어 병원의 밀실로 들어가게 되었다.
>
> 알폰스 데켄

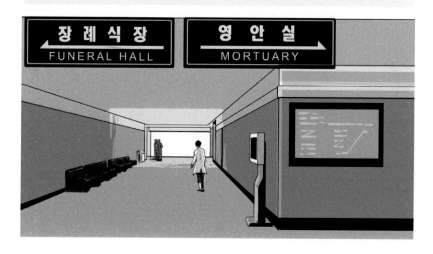

제3절 죽음은 생명의 가장 귀중한 선물이다

죽음이 없다면, 만약 늙은 채로 영원히 살아가야 한다면 인간은 메두사나 흡혈귀처럼 죽고 싶어도 죽지 못한 채 추한 모습으로 영원히 죽음의 공포를 안고 끔찍한 생을 살아가야 한다.

마크 퉤인의 이야기에 의하면 인간은 태어나면서 다섯 가지 선물을 받게 된다고 한다. 쾌락, 사랑, 명예, 재산, 죽음.

사람은 사회생활을 하게 되고 쾌락에 빠지게 된다. 그러나 쾌락의 순간은 너무나 짧아 인생이 허무하게 느껴지고 실망감을 준다.

사람은 사랑을 하게 되면서 사랑 안에서 행복하다. 그러나 사랑이 끝나면 어김없이 슬픔이란 대가를 치러야 한다.

어떤 사람들은 명예를 안고 전 세계에 이름을 날리고 인기를 얻으며 살아간다. 그러나 칭찬에는 언제나 질투와 중상모략이 따르고 연민이 남게 되며 명예나 인기도 한 순간임을 깨닫게 된다.

어떤 사람들은 돈으로 권력을 누리고 호화롭고 사치스러운 인생을 즐기며 돈으로 사랑도 사고, 건강도 사고, 명예도 사서 허기진 욕망을 채운다. 그러나 그 역시 나이 들고 기력이 떨어지면 별다른 즐거움을 주지 못한다.

아! 피곤하다. 이제 정말 조용히 쉬고 싶다고 생각했을 때 죽음이 없다면, 만약 늙은 채로 영원히 살아가야 한다면 사람은 죽고 싶어도 죽지 못한 채 영원히 죽음의 공포를 안고 늙어가면서 끔찍한 생을 살아가야 한다.

최고의 삶이란 자신이 원하는 만큼 충분히 오래 사는 삶이다. 그만두지 못하는 것(영생)은 축복이 아니라 악몽이다. 죽음이 있기 때문에 우리는 매 순간을 소중히 여기며 인생을 가치 있게 보낼 수 있다. 따라서 죽음은 형벌이 아니라 생명을 더욱 찬란하게 해 주는 가장 귀중한 선물이다.

제4절 죽음은 삶을 완전하게 한다
1. 죽음은 삶을 보완해 주고 가치 있게 만든다

죽음은 삶에 대한 부정, 삶의 모든 의미가 단절되는 사건이 아니다. 하이데거는 죽음은 삶의 끝을 의미하는 것이 아니라고 하였다. 하이데거에 의하면 인간은 자신이 죽을 것이라는 사실을 미리 알고 있으며 죽음은 삶과 단절되지 않고 이따금씩 우리에게 공포감으로 다가오기 때문에 인간은 살아있는 동안에도 계속 죽음을 경험하는 것이며 죽음은 인간을 끊임없이 변화하도록 만드는 계기가 된다. 죽음을 생각하기 때문에 인간은 현재 상태에 머물지 않고 자신의 현재 상태를 넘어서고자 하며 언젠가는 죽을 수밖에 없다는 인간의 유한성에 대한 자각이 삶의 추동력을 제공하게 된다는 것이다.

죽음을 생각하면 삶이 다르게 보인다. 매일 일상적으로 보던 것들이 아름답게 느껴지고 다시 못 보게 된다고 생각하니 모든 것들이 새삼 소중하고 사랑스럽게 느껴진다. 돈과 부동산이 나를 보호해 주지 못한다는 것을 알게 되고 자신의 삶을 되돌아보고 무엇이 가치 있는 삶인가, 어떻게 살아야 하는가를 생각하게 된다.

삶은 죽음으로 완성되며 잘 죽는 것은 잘 사는 것이다. 죽음은 삶의 의미로 통합될 수 있는 것이며 죽음을 배울 때 삶은 풍요롭게 된다.

죽음은 지금의 나의 삶을 반성하게 하고 새 삶을 기획하도록 만든다. 따라서 죽음은 삶을 보완해 주고 완전하게 한다.

2. 메멘토 모리, 카르페 디엠

메멘토 모리(죽음을 기억하라)와 카르페 디엠(현재를 즐겨라)은 인간은 언젠가 모두 죽고 헤어지게 되니 지금을 소중하게 여기라는 뜻으로 서양 사람들이 가슴에 새기는 중요한 격언이다.

스토아 철학에서는 인간을 짓누르는 두 가지 해악을 미련과 기대라고 한다. 이 두 가지는 현재의 순간을 놓치게 만들고 현재를 충실하게 살아가지 못하게 가로막는다. 과거에 대한 집착으로 인한 후회·미련과 미래에 대한 기대·희망을 뛰어넘어 있는 그대로의 현실에 화합하고 부응하라는 것이다. 스토아 철학에서는 삶의 매 순간이 늘 마지막일 수 있음을 의식하고 지금 이 순간을 소중히 누리라고 한다.

메멘토 모리(Memento mori, 죽음을 기억하라)는 서양 사람들이 가슴에 새기는 중요한 격언이다.

사람이 죽지 않고 영원히 살 수는 없으므로 언젠가는 헤어져야 할 모든 인연은 소중한 것이고, 잃을 수밖에 없는 것이기에 마주하는 지금 이 순간이 더 소중하다는 것이다. 그러니, 진정 삶을 사랑하고 싶다면 죽음을 기억해야 한다.

또 하나의 격언 카르페 디엠(Carpe diem, 현재를 즐겨라)도 인간은 언젠가는 죽고 모두 헤어지게 되니 지금을 소중하게 여기라는 뜻으로 메멘토 모리(죽음을 기억하라)와 같은 의미를 가진다.

살기를 기다리는 동안 삶은 지나가 버린다.   - 세네카
아모르 파티(amor fati, 운명을 사랑하라)   - 니체

제5절 죽음의 축제적 성격
1. 죽음을 축제로 여기는 한국적 정서

1996년에 상영된 임권택 감독의 영화『축제』에서는 장례식날 밤에 여기 저기 노름판이 벌어지고 조의금을 슬쩍해서 노름을 계속하는 사람, 윷놀이를 하다 싸우는 사람들로 상갓집은 난장판이 된다. 소란스러운 와중에 소리하러 온 소리꾼은 만취해서 실려 나가고 발인식은 점점 더 노골적인 놀이판으로 변한다. 같은 해에 상영된 박철수 감독의『학생부군신위』는 시골 노인 박씨의 죽음을 계기로 그전까지 적막했던 시골집에서 돼지를 잡는 등 갑자기 활기를 띠며 잔칫집처럼 분주해지는 풍경과 읍내 다방 마담과 비디오 가게의 주인까지 모여들면서 한바탕 난장판으로 변하는 모습을 표현하고 있다. 위의 두 영화는 모두 잔칫집같이 떠들썩한 한국의상갓집 풍경을 묘사함으로써 인간의 죽음을 탄생과 더불어 '축제'로 여기는 전통적인 한국적 정서를 담고 있다. 여기에서 우리는 죽음이 오로지 비통하고 엄숙한 것만이 아니라 단합과 화해, 축제의 자리라는 것을 알 수 있다.

시골집 장례식에서 노름판이 벌어지고 잔칫집같이 떠들썩한 분위기가 도는 것은 죽음을 축제로 여기는 한국적 정서가 남아있음을 보여준다.

2. 장례는 단합과 축제 · 화해의 마당

우리 전통문화의 장례식은 죽음을 애도하고 극락천도를 기원하는데 그치지 않고 함께 먹고 마시고 노래 부르며 노는 단합과 축제, 화해의 마당이었다.

해가 저서 밤이 이슥해지면 풍물을 치며 빈 상여를 메고 마을을 돌아다니며 술을 마시고 노는 풍습(황해도의 상여돋음)등 한국의 각 지방마다 전해 내려오는 장례문화는 장례가 하나의 놀이판이자 축제였음을 보여준다. 우리의 전통문화에서는 장례식은 단순하게 죽음을 애도하는 가족만의 통과의례에 그치지 않고 공동체적인 단합과 축제문화였음을 알 수 있다. 장례행렬의 상두꾼 행렬은 노래를 부르고 함께 어울려 마시고 놀면서 죽음의 슬픔을 털어 냈다. 씻김굿은 죽은 사람의 영혼을 위하여 죽은 사람이 생전에 누리지 못한 소원이나 원한을 풀어주고 죄업을 씻어 극락 천도를 기원함으로써 죽은 사람의 영혼이 다시는 이승을 떠돌지 못하도록 하는 무속의식인데 그 자리는 산 자와 죽은 자의 화해의 마당이었다. 위와 같은 장례풍습은 우리 전통문화에서도 죽음은 두렵고 먼 것이 아니라 우리 곁에 있는 친숙한 현상이었다는 것을 보여준다.

3. 축제적 성격의 탈피

국사편찬위원회에서 간행한『상장례, 삶과 죽음의 방정식』에 의하면 우리에게 있어 죽음은 공동체적이고 친숙한 것이었으나 일제 강점기 시절 조선총독부가 1912년 식민지 경영의 일환으로 '묘지 화장장 매장 및 화장 취체 규칙'을 반포하면서 개별적인 매장보다는 화장과 공동묘지 사용을 권장하게 되면서 이때부터 묘지가 인가가 없는 외진 곳, 도시 외곽 등으로 밀려나게 되었다고 한다. 이로써 삶의 공간인 마을 안에서 산 자와 죽은 자가 공생하던 관계는 끝나고 산 자와 죽은 자의 공간이 분리되게 되었으며, 이로 인해 묘지에 대한 부정적 인식이 자리 잡게 되었다는 것이다.

일제 강점기 시절 일제가 화장과 공동묘지의 사용을 권장하면서 묘지가 인가가 없는 외진 곳, 도시 외곽으로 밀려나게 되었고 이때부터 산 자와 죽은 자의 공간이 분리되고 묘지에 대한 부정적 인식이 자리잡게 되었다.

4. 축제 분위기의 백남준 장례식

2006년 2월 백남준을 기리는 뉴욕의 장례식에서는 넥타이를 잘라서 던지는 퍼포먼스를 통하여 타계한 예술가를 추모했다. 비틀즈의 전 멤버 존 레논의 부인이자 행위 예술가인 오노 요코 여사가 먼저 가위를 들었고, 참석자들은 가위질한 넥타이 조각들을 공손하게 유해 위에 올린 후 위대한 예술가의 삶에 경의를 표하며 고인에게 걸맞는 작별인사를 고했다.

'넥타이 자르기'는 1960년 백남준이 그의 스승이자 동료인 전위음악가 존 케이지에게 들이댄 권위 절단 퍼포먼스였는데 이것을 장례식에서 조문객들이 재연한 것이다. 백남준의 장례식은 예술적 퍼포먼스로 가득 찬 하나의 '축제'가 되었다. 그것은 또한 고인을 추억하고 애정과 추도의 감정을 전하는 방식이기도 했다.

죽음은 이치대로 흘러가는 자연스런 현상이며 가야 할 다른 곳으로 옮겨가는 것이다. 열정적으로 살다가 홀가분하게 떠나는 것, 축제에 참석하였다가 박수 속에 떠나는 여정, 이러한 인생은 아름답다.

백남준의 장례식에서는 조문객들이 넥타이를 잘라서 그 조각을 고인의 유해 위에 올린 후 작별인사를 하였다. 이로써 장례식은 예술적 퍼포먼스로 가득찬 하나의 축제가 되었다.

제6절 삶과 죽음은 하나

> 장자는 사람이 죽고 사는 것은 사계절이 바뀌는 것과 같이 자연스러운 일이며 죽음은 하늘에서 거꾸로 매달린 것을 푸는 것과 같아서 오히려 더 행복하게 되는 일인지도 모른다고 하였다.

임종에 즈음하여 장자는 "나는 천지로 관棺을 삼고 일월日月로 연벽蓮璧을, 성신星辰으로 구슬을 삼으며 만물이 조상객弔喪客이니 모든 것이 다 구비되었다. 무엇이 더 필요한가?"라고 말하였다. 이에 제자들은 깜짝 놀라 매장을 소홀히 하면 까마귀와 솔개의 밥이 될 우려가 있다고 말했다. 그러자 장자는 "땅 위에 있으면 까마귀와 솔개의 밥이 되고, 땅속에 있으면 벌레와 개미의 밥이 된다. 까마귀와 솔개의 밥을 빼앗아 땅속의 벌레와 개미에게 준다는 것은 공평하지 않다"고 하였다. 장자는 사람이 죽고 사는 것은 사계절이 바뀌는 것과 같이 하늘이 정해준 이치라고 하면서 "조물자는 나를 만들어 살아가는 수고로움을 겪게 하고 늙어서 편안해지도록 해 준다. 죽어서는 나를 쉬게 한다. 그렇기에 살아있는 것도 좋고 죽어 있는 것도 좋은 것이다"라고 하였다. 장자는 "죽음은 하늘에서 거꾸로 매달린 것을 푸는 일과 같아서 고통에서 풀려나 오히려 행복하게 되는 일인지도 모른다"고 하였다. 사는 일이 거꾸로 매달려 있는 것과 같이 괴로운 줄도 모르고 우리는 더 살기 위해 발버둥친다는 것이다.

제7절 죽음은 끝인가?
1. 죽음은 다른 세계로 이동하는 것이다

고대 그리스의 세계관에 의하면 세계의 본질은 코스모스이다. 코스모스는 정당하고 아름다운 질서이며 완벽한 조화를 이루고 있다. 우주의 구조는 신적이고 완벽하며 합리적이다. 모든 존재는 우주적 질서 속에서 각자에게 타고난 자리가 있으며 죽음은 신적이고 안정된 코스모스로, 영원한 우주의 한 조각으로 돌아가 코스모스적 질서의 일부가 되고 보편적 로고스와 하나가 되는 것이다. 스토아 철학에 의하면 죽음은 다른 세계로의 이동이며 세계가 필요로 하는 다른 상태로 변하는 것이다.

말라 비틀어진 무화과는 신성한 무화과에 자리를 내주고 시든 포도알은 잘 익은 포도알에 자리를 물려준다. 죽음은 파괴가 아니라 변화이며 잘 정돈된 상태로의 배열과 조정이다.

- 에픽테토스

죽음은 부분으로 존재하다가 전체 속으로 사라지는 것이며 변형을 통해 씨가 된 원인 속으로 거둬지는 것이다.

- 마르쿠스 아우렐리우스

인디언 구전 시는 "내 무덤가에 서서 울지 마세요. 나는 거기 없고 잠들지 않았습니다"라고 노래하고 있다. 들판에 부는 바람, 반짝이는 눈, 곡식을 비추는 햇빛, 밤에 빛나는 별, 촉촉이 내리는 가을비, 아침에 날아오르는 새들은 나와 무관하지 않다는 것이며 우리 몸을 이루고 있는 원자들은 자연으로 돌아가 계속 순환되고 있다는 것이다.

2. 죽음은 옷을 갈아입는 것과 같다는 견해

죽으면 모든 것이 다 끝난다는 것은 육체 중심의 사고방식이다.

달라이 라마는 "죽음이란 옷을 갈아입는 과정"이라고 하였으며 생사학을 창시한 미국의 정신과 의사 엘리자베스 퀴블러 로스는 "우리 몸은 번데기와 마찬가지다. 죽으면 영혼은 육신으로부터 벗어나 나비처럼 예쁘게 날아서 천국으로 날아간다. 죽음을 결코 끝이 아니다"라고 하였다.

죽음학의 대가 퀴블러 로스는 사후의 생은 믿음의 문제가 아니라 앎의 문제라고 하면서 죽음을 세 단계로 정리하였다.

- 1단계 - 육체의 죽음은 나비가 고치를 벗어나는 현상과 같다(집을 옮겨 가는 것이다).
- 2단계 - 물질적 에너지 대신 정신적 에너지를 제공받는다(빛 속에서 영적 안내자를 만나고 생전의 일을 파노라마처럼 본다).
- 3단계 - 1, 2단계의 의식이 사라지고 지상에서의 최고의 적이 자신이었음을 알게 된다. 이렇게 해서 결국 산다는 것은 사랑하는 법을 배우는 것임을 깨닫게 된다.

그녀는 결국 죽음이란 고통이 아니라 육체의 허물을 벗고 더 높은 의식 상태로 변화하는 과정이라고 정의하였다.

죽음은 옷을 갈아입는 과정, 번데기가 고치를 벗어나 나비가 되어 날아가는 것과 같다는 견해가 있다. 이 견해에 의하면 죽음은 육체의 허물을 벗는 것으로써 생명 흐름에서 겪게 되는 변화의 한 과정에 지나지 않는다.

제8절 죽은 뒤에 남는 것

1. 영혼

영혼은 육체를 벗은 뒤에 남는 것으로 영체 또는 의식체라고 한다. 기독교에서의 영혼은 개체의 죽음 후에도 남는 불멸의 개체인데 반하여 불교에서 말하는 영혼은 생명의 흐름, 에너지체, 계속 변화하는 카르마다.

육체는 영혼이 현상의 세계에서 생활하기 위해 생성된 것으로서 죽은 후에는 원소들이 분해되어 흩어지고 동물이나 식물의 몸을 구성하기도 하는 등 여러 물질계의 영역을 돌면서 끊임없이 순환한다.

영혼은 몸을 벗은 뒤에 남는 것으로서 영체 또는 의식체라고도 한다. 불교에 따르면 이것은 생명의 흐름, 진화하는 의식의 그림자로서 덧없는 것이며 하나의 환상이자 실체가 없는 것이다. 이것은 불교 유식학에서 말하는 인간의 의식 중 맨 밑바닥에 있는 심층의식인 알라야식으로서 자기를 의식할 수 있고 무한대의 정보가 저장될 수 있는 에너지체다. 모든 생각과 행동은 영혼에 저장되어 카르마를 형성한다. 즉 죽을 때 남게 되는 것은 카르마이며 각자의 카르마에 따라 존재들은 무수한 삶을 반복한다. 이기심, 집착에서 벗어나 대자유(니르바나)의 세계에 이르기까지 이 방황은 계속된다.

기독교에서는 육체의 죽음 후 개체로서의 영혼은 불멸이며 천국 또는 지옥에 영원히 머물게 된다. 그러나 불교에서는 개별적 영혼의 영원성을 인정하지 않는다. 영혼은 불멸의 존재가 아니라 정신적·신체적 활동의 복합체로서 끝없이 변화한다. 영혼은 덧없고 실체가 없는 것, 하나의 환영이며 계속 변화하는 카르마다.

2. 카르마

카르마(Karma)는 삶에서 행한 모든 행위들이 축적된 결과이다. 카르마는 조상의 계보에 영향을 미쳤던 조건들의 최후 결과, 최후 유전자이며 개인의 유전자, 성격 등은 무수한 과거 생으로부터 끝없이 이어져 온 카르마의 결과이다. 질병에 걸리기 쉬운 성향, 성격이나 특성, 특수한 재능 등은 정신적 현상이지만 생명 현상의 일부로써 유전되며 마음의 보편적 성향(집단의 공동 카르마-공업), 공동의 정신의 틀도 유전이 된다. 인생은 카르마에 의해 디자인되고 세상에서 일어나는 일들은 카르마의 법칙에 따른다. 마누법전에 따르면 생명의 영이 주로 덕을 행하면 순수한 원소입자들로 이루어진 몸을 얻게 되어 기쁨을 누리고 악에 탐닉하면 가장 천한 몸으로 태어난다고 한다. 카르마의 법칙은 단순한 인과율이 아니라 인과율+도덕율이다. 카르마는 인간의 이기적 행동, 사악한 행동에 경고를 보내고 우리가 우주의 법칙에 맞도록 살 것을 권유하며 삶의 균형을 찾고 영적 진화를 이루도록 돕는다. 그렇다면 지상의 삶에서 가장 중요한 것은 선한 카르마를 쌓는 것이며 사랑으로 주위 사람들을 보살폈는가? 영적 발전을 이루기 위해 열심히 공부했는가? 하는 것이 사후세계에서의 심판의 관건이 된다.

카르마

죽음을 선고받고 영혼 상태에 있다가 살아난 근사체험자들의 증언에 따르면 어떤 종교를 믿었는가 신앙생활을 열심히 했는가는 심판관의 질문에 있지도 않다고 한다.

배려하는 삶, 순리대로 사는 삶은 좋은 카르마를 형성하여 더 좋은 기운으로 발현되고 좋은 인연을 만나게 된다.

카르마는 이제까지의 삶에서 행한 모든 행위들이 축적된 결과다. 유전자, 성격, 질병에 걸리기 쉬운 성향, 특수한 재능 등 정신적 성향도 생명 현상의 일부로서 카르마가 되어 유전된다.

제9절 죽음을 대하는 자세

1. 소크라테스

소크라테스는 "철학자는 늘 죽는 일에 마음을 쓰고, 따라서 모든 사람 가운데 죽음을 가장 덜 무서워한다"고 하였다. 소크라테스에 의하면 지상의 삶에서는 육체로 인해 발생하는 식욕, 성욕 등 욕망의 속박에서 벗어날 수 없고 죽을 때 영혼은 욕망의 속박에서 풀려나게 된다. 따라서 늘 육체와 싸우고, 영혼과 더불어 순수하게 되기를 원했다면 죽음을 두려워할 필요가 없고 소원이 성취되어 사후세계에 도착하면 이 세상에서 바라던 지혜를 얻게 될 희망이 있고 동시에 원수와 함께 있지 않게 될 것이므로 오히려 기뻐해야 할 일이라고 하였다.

> 참으로 지혜를 사랑하는 이로서, 그리고 저 하데스에서만 지혜를 보람있게 향유 할 수 있다고 확신하는 사람으로서 어떻게 죽음을 싫어하겠는가?(소크라테스)
>
> 플라톤『파이돈』

소크라테스는 영혼의 불멸성을 믿었다. 현세에서 바람직한 삶을 살았다면 죽은 뒤 영혼은 천국으로 갈 것이라고 생각하였고 자신은 떳떳한 삶을 살았기에 그는 죽음 직전에 오히려 흥분과 기대감을 가졌다.

소크라테스에 의하면 육체는 영혼의 감옥이며 죽을 때 영혼은 욕망의 속박에서 벗어나게 된다. 죽는다는 것은 욕망에서 벗어나 지혜를 얻게 되는 일로서 기뻐해야 할 일이다.

겨울이 오면 대자연은 텅 비어버리고 무의 상태로 되돌아가는 것처럼 보이지만 봄이 오면 싹이 돋고 풀이 나온다. 장자는 이 세상 모든 것은 자연에서 나오고 자연으로 되돌아가는 것이니 슬픔을 말하고 곡을 하며 예를 차리는 것도 자연의 도리에 어긋난다고 하였다.

노자가 죽었을 때 진일은 문상을 가서 형식적인 곡哭 세 번만 하고 나와 버렸다. 제자가 이상하게 생각하고 문상을 그렇게 해도 되는지 물었다. 진일은 "사람들이 모인 것은 그가 반드시 요구하지는 않았더라도 슬픔을 말하고 곡을 하도록 은연 중 시킨 바가 있기 때문이지. 그것은 생사生死라는 자연의 도리에서 벗어나 진실을 거역하고 하늘로부터 받은 본분을 잊음이야. 옛날 사람은 이것을 '하늘에서 도피한 벌'이라고 했지. 그가 어쩌다 이 세상에 태어난 것은 태어날 때를 만났기 때문이며, 그가 어쩌다 이 세상을 떠난 것도 죽을 운명을 따랐을 뿐이야. 그때를 편안히 여기고 자연의 도리를 따라간다면 기쁨이나 슬픔 따위 감정이 끼어들 여지가 없을 걸세. 이런 경지를 옛날 사람은 '하늘의 속박에서 벗어남'이라고 불렀다네"라고 대답하였다.

노자는 겉모습만 보지 말고 그 안에 있는 진짜의 모습을 보라고 하였다. 겨울이 오면 대자연은 쓸쓸하게 텅 비어 버리고 무無의 상태로 되돌아가는 것처럼 보이지만 봄이 오면 땅에서 싹이 돋고 풀이 나온다. 이 세상 모든 것은 자연에서 나오고 자연으로 되돌아가는 것이니 슬퍼할 필요도 없고 억지로 예를 차리는 것도 자연의 도리에 어긋난다는 것이다.

3. 공자

하늘은 저쪽에 있고 인간은 이쪽에 있다. 다만, 인간이 천도에 따를
경우 만사는 제대로 돌아갈 것이다. 따라서 인간이 신들에게 신경 쓸
필요가 없다(공자).

논어

공자에 의하면 죽음은 만물이 탄생하고 소멸하는 우주질서의 자연스러
운 산물이며 죽는다는 것은 아무렇지 않은 것이다. 따라서 사후세계는 공
자의 관심 영역을 벗어나 있다.

공자는 "불길한 징조는 귀신이나 풍수의 작용에 의한 것이 아니라 모두
사람이 원인이 되어 일어난다. 만사의 중심은 사람이다"라고 하였다. 인
간은 천도에 따라 행동하면서 천명을 다하면 되는 것이며 사후세계에 신
경을 쓸 필요가 없다는 것이다.

공자가 사후세계를 부정하면서 제사를 중시한 것은 귀신의 존재 여부
와는 관계가 없으며 그것은 예禮의 정신에서 비롯된다. 공자는 부모와 조
상의 의미를 되새기고 효의 정신을 일깨우는 교육적 효과에 주목하였다.

죽음은 만물이
탄생하고 소멸하는 우주 질서
자연스러운 이거이며,
죽음은 자연스러운 것이다.

공자에 의하면 죽음은 만물이
탄생하고 소멸하는 우주 질서의
자연스러운 산물이며 죽는다는
것은 아무렇지도 않은 것이다.

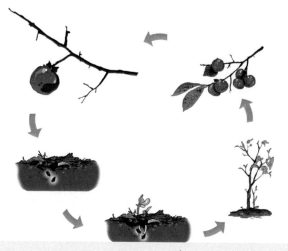

4. 장자

장자는 삶이 변하여 죽음이 되는 것은 춘하추동의 사계절이 순환하는 것과 같다고 하였다. 장자에 의하면 삶과 죽음은 하나이며 죽음은 하나의 변화에 불과한 것이므로 놀라거나 슬퍼할 이유가 없고 변화에 몸을 맞기고 자연의 이치대로 살아가면 된다.

장자의 부인이 죽었을 때 장자는 흐느끼고 괴로워하지 않고 돗자리에 앉아 대야를 두드리며 노래를 불렀다. 조문객들이 의아하게 생각하자 장자는 다음과 같이 말했다고 한다.

"아내가 죽었을 때 내가 왜 슬프지 않았겠는가? 그러나 다시 생각해보니 아내에게는 애당초 생명도 형체도 기氣도 없었다. 유有와 무無의 사이에서 기가 생겨났고, 기가 변형되어 형체가 되었으며 형체가 다시 생명으로 모양을 바꾸었다. 이제 삶이 변하여 죽음이 되었으니 이는 춘하추동의 4계절이 순환하는 것과 다를 바 없다. 아내는 지금 우주 안에 잠들어 있다. 내가 슬퍼하고 운다는 것은 자연의 이치를 모른다는 것과 같다. 그래서 나는 슬퍼하기를 멈췄다." 장자에 의하면 삶과 죽음은 따로 떨어진 것이 아니라 한 몸이며 하나의 변화에 불과한 것이므로 죽음에 대하여 놀라거나 슬퍼할 이유가 없다. 죽음은 단지 대자연으로 돌아가는 것이다. 대자연은 쇠붙이를 녹이는 큰 화덕이고 조물주는 그 화덕을 다루는 뛰어난 대장장이라서 살고 죽는 것은 그 대장장이의 뜻에 맡기면 되는 것이며 사람은 삶과 죽음을 생각하지 말고 끊임없는 변화에 몸을 맡기고 자연의 이치대로 살아가면 된다.

247

5. 몽테뉴

우리는 탄생 직후부터 죽음을 향해 걷고 있는 것이며 이 세상을 떠나는 것은 처음 이 세상에 왔던 것과 같다. 죽음은 탄생과 마찬가지로 새로운 시작이다. 따라서 선을 행하고 지금의 생활에 더욱 충실해야 하며 오래 사는 것을 삶의 목표로 살아서는 안 된다.

몽테뉴

우주 만물은 태어났다가 사라짐이 필연적이며 누구에게나 공평한 이 자연의 법칙 앞에서 무엇 때문에 죽음을 두려워하는가? 우리는 태어난 첫날 생명을 부여 받았지만 탄생 직후부터 한 걸음 한 걸음 죽음을 향해 걷고 있는 것이며 우리의 삶 자체가 죽음이라는 길 위에 있는 것이다.

우리는 지금까지 생명을 조금씩 바쳐가며 생명을 담보로 여러 가지 경험을 한 것이며 죽음이란 생명이 게으름 피우지 않고 계속해서 앞으로 쭉 나아갔다는 반증이다. 이 세상을 떠나는 것은 처음 이 세상에 왔던 것과 똑같다.

우리는 많은 대가를 치르고 새로운 생활을 시작한 것이므로 선을 행하고 지금의 생활에 더욱 충실해야 하며 오래 사는 것을 삶의 목표로 삼아서는 안된다.

몽테뉴

몽테뉴에 의하면 죽음은 노년의 삶을 힘들게 만드는 고통과 괴로움, 비참함에 종지부를 찍는 축복이며 새로운 시작이다. 따라서 죽음 역시 삶의 출구라는 사실을 받아들이고 행복하고 즐겁게 살다가 세상과 기쁘게 이별할 수 있으면 좋은 것이고 인생을 즐기지 못하고 헛되게 소모하였다면 그런 인생과 이별하는 것이 슬플 것도 없다.

생명은 하나의 물결이 아니라 끝없는 운동으로서 개인은 현재의 삶에서 하나의 물결로 나타난 것 뿐이다. 생명은 의식의 일체가 결합된 것으로 우리가 태어나기 전부터 있었고 신체적 특징, 성격, 재능, 소질 등은 대를 이어 존속된다. 죽음은 일시적인 생명의 의식을 파괴하는 것일 뿐 육체의 죽음은 매일 밤 잠을 자는 것처럼 끊임없이 발생하는 현상이다. 죽음은 생명의 한 작은 부분을 인생이라고 잘못 해석한 것으로 환상이나 망상에 지나지 않으며 그것은 나비가 된 번데기를 죽었다고 잘못 생각하는 것과 같다. 죽음은 생명과 함께 우리가 태어날 때부터 늘 옆에 있었던 것이며 죽음으로 소멸되는 것은 특정한 의식의 연쇄 및 개체로서의 동물적 개성이다. 생명은 인간의 내면에 있으며 진정한 생명은 이성을 자각하고 참된 사랑을 실천하는 데 있다. 인간은 진정한 생명을 전파하기 위해 계속해서 이 세상에 태어나고 자기를 희생하는 참된 사랑에 의해 세상이 유지된다. 이러한 생명의 규칙을 지키는 사람에게는 고통스런 죽음 따위는 없다. 참생명을 이해하는 자에게 있어서 죽음은 생명의 진행이 보다 높은 관계로 이어지는 통로다. 선량하게 살아가는 데서 행복을 찾고 다른 모든 존재를 사랑하는 사람은 참생명을 갖게 된다. 그렇다면 죽음에 대한 준비는 오직 한 가지, 더 나은 삶을 지향하는 것(이성의 자각 + 참된 사랑의 실천)이다. 이렇게 함으로써 죽음에 대한 공포는 사라지고 죽음을 자연스러운 숙명으로 기쁜 마음으로 받아들일 수 있다는 것이다.

죽음이 두렵다면 거울 봐 더 나은 삶을 살아라.

죽음에 대한 준비는 오직 한 가지, 더 나은 삶을 지향하는 것 뿐이다.

톨스토이

7. 영화 '모리와 함께한 화요일' (미치 앨봄)

　은퇴한 사회학자인 모리 슈워츠 교수는 온몸이 서서히 굳어져 결국 죽음에 이르고 마는 루게릭 병을 앓고 있었다. 죽음을 앞둔 모리 교수는 제자에게 '인생의 의미'에 대하여 마지막 강의를 한다. 모리 교수는 인생에 필요한 것들은 이해와 배려, 용서·화해, 자신의 가치를 소중히 하는 것, 주어진 일을 열심히 하는 것, 시간을 아껴야 하는 것, 나를 둘러싼 문화를 이해하고 문화를 창조하는 것이고 사랑을 나눠주는 법과 받아들이는 법을 배우는 것이 가장 중요하다고 말한다. 죽음의 순간이 임박하자 모리 교수는 처음부터 바다의 일부였던 작은 파도는 다시 바다로 돌아가 다시 세상 속으로 온전히 흡수되는 것처럼 죽음은 생명의 끝이지 관계의 끝은 아니라고 말하며, 죽음을 기꺼이 받아들이고 그 후 다가올 날들에 대하여 희망을 품는다. 또 작별 뒤에는 기억에 남아 관계가 지속되기를 바란다고 하면서 안녕이란 인사 대신 사랑한다는 말을 나누며, 죽은 뒤에도 가끔씩 자신을 찾아줄 것을 당부한다. 서로 사랑하고 그 사랑의 감정을 기억할 수 있는 한 우리는 우리를 기억하는 사람들의 마음속에 잊히지 않고 남아 있을 수 있으며, 그런 죽음은 행복한 죽음이 될 수 있다는 것이다.

작은 파도는 다시 바다로 돌아가 바다에 흡수되어 사라지지만 그 관계는 계속 이어진다. 생명과 죽음의 관계는 이와 같다.

식물은 싹이 트고 꽃을 피우고 열매를 맺고 다시 씨앗을 뿌린다. 생명은 끝없이 순환한다. 인간의 정자와 난자에도 식물의 씨앗처럼 그 성격과 특징이 압축되어 있으며 그것은 대를 이어 보존된다. 윤회론자들은 인간의 의식세계는 육체의 옷을 입고 끝없이 재생된다고 한다.

하나의 식물이 싹트고 잎이 돋아나고 꽃이 피었다 지고 다시 꽃을 피우고 열매를 맺고 씨앗을 대지에 뿌리기까지 생명은 끊임없이 순환한다. 하나의 조그만 씨앗에는 혹독한 환경에 적응하여 살아남은 유전자들이 들어있으며 그것은 좀 더 나은 적응력을 갖기 위해 개선되고 발전되면서 계속 종족을 번식시키며 생명을 이어간다.

식물의 조그만 씨앗이 과거 생의 모든 것이 압축된 결과물이듯이 인간의 정자와 난자에도 인간이라는 종의 성격과 특징이 압축되어 있다. 인간은 생물학적 유전자, 두뇌와 정신, 의식과 기억을 가지고 있고, 유전자 정보에 따른 신체적 특징은 대를 이어 보존된다. 그렇다면 인간생명의 정수이자 실체인 의식은 대뇌와 함께 영원히 사라지고 죽음과 함께 과거의 모든 의식들이 소멸하는가에 대하여 고대의 현자들은 이를 부정하고 있으며, 인간의 의식세계는 육체의 옷을 입고 끝없이 재생된다고 한다.

2. 의식의 진화

　죽음과 환생으로 계속 이어지는 윤회를 현대적으로 해석한다면 의식의 진화라고 할 수 있는데 이는 생명 흐름의 부단한 운동과 변화를 통해 정신과 육체가 진화하는 것을 뜻한다. 동양에서 윤회는 삼사라(산스크리트어로 방황, 흐름을 뜻한다)라고 하는데, 이것은 마지막 진화단계로 넘어가기 위한 인간의 노력이자 몸부림이다. 그 힘들고 고달프고 지리한 방황을 끝내고 마침내 도달하여 다시는 환생하지 않아도 되는 곳 그곳은 투명하고 따뜻한 영원의 빛(니르바나, 열반)이 있는 세계이다.

　따라서 인간이 윤회 환생을 거듭하는 목적은 더이상 환생을 하지 않는 것에 있으며(환생의 역설), 이 단계는 더이상 환생이 불필요한 진화의 마지막 단계이다.

　윤회는 산스크리트어로 삼사라(방황, 흐름)라고 하는데 이것은 마지막 진화단계로 넘어가기 위한 인간의 노력이자 몸부림이다. 윤회를 현대적으로 해석한다면 이는 의식의 진화라고 할 수 있다.

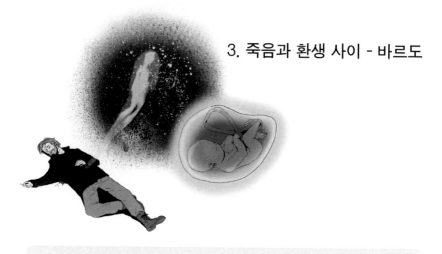

3. 죽음과 환생 사이 - 바르도

사자死者는 죽은 후 자신이 생전에 살았던 경험에 따라 여러 가지 환영을 보게 된다. 대부분의 인간들은 죽어서도 생전에 가지고 있던 욕망과 집착을 떨쳐버리기 어렵기 때문에 카르마의 환영에 굴복하여 나(ego)를 고집하게 됨으로써 윤회 환생의 굴레를 벗지 못하고 다시 환생하게 된다.　　　　　　　「티벳 사자의 서」

　티벳에서는 사람이 죽은 후 환생에 이르기까지의 중간상태, 과도기를 바르도(bar 둘 +do 사이)라고 한다. 티벳 왕의 초청으로 티벳으로 간 인도의 영적 스승 파드마 삼바바가 히말라야의 동굴 속에 숨겨두었던 『티벳 사자의 서』에 의하면 죽음을 맞이한 순간 의식체는 자신이 육체로부터 분리되었다는 사실을 알지 못한 채 기절 또는 수면상태에 빠지게 된다.

　그후 사자死者는 죽음이 일어났다는 사실을 깨닫게 되고 환영들을 보게 된다. 사자死者가 바르도에서 보게 되는 환영은 현상계의 경험, 그가 살았던 사회의 종교적·문화적 전통에 따라 다르다. 예컨대 기독교인들은 하느님, 예수, 성인들, 천국, 지옥을, 불교인들은 부처와 극락을 보게 된다고 한다. 또 본인의 카르마에 따라 좋은 카르마를 쌓은 사람들에게는 행복하고 천국 같은 환영들이, 나쁜 카르마를 쌓은 사람들에게는 비참하고 지옥 같은 환영들이 나타난다고 한다. 대부분의 인간들은 죽어서도 생전에 가지고 있던 욕망과 집착을 떨쳐 버리기 어렵게 되고 동물적 본능과 탄생에 대한 강렬한 욕망에 이끌려 또다시 나를 고집하게 되는데 이때 사자死者는 남녀가 성교하는 환영에 이끌려 자궁 속으로 들어가 지상에 다시 태어나게 된다. 결국 대부분의 사람들은 깨달음을 얻지 못한 채 카르마의 환영에 굴복하게 됨으로써 윤회 환생의 굴레를 벗어나지 못하고 자신의 카르마에 따라 물질계로 복귀하게 된다는 것이다.

4. 불경에서 보는 윤회의 비유

태어난 자와 사멸한 자는 같지도 않고 다르지도 않다.
어릴 적의 나와 지금의 나는 다르지만 꼭 다르다고 할 수는 없다.
등불은 초저녁에 타는 불꽃과 밤중에 타는 불꽃, 새벽에 타는 불꽃이
다르지만 전혀 다른 것은 아니다. 불꽃은 똑같은 등불에 의해서 밤새
도록 타는 것이다.
짜낸 우유는 얼마 후 엉기게 되고 다시 기름으로 변한다. 우유, 기름은
모두 다른 것이지만 엉긴 우유와 기름은 우유를 바탕으로 변한 것이다.
물은 온도를 높이면 수증기가 되고 낮추면 반대로 얼음이 된다. 그러
나 물의 성질을 벗어난 것은 아니다.

석가모니

불교에 의하면 등불과 같이 생겨나는 것과 없어지는 것은 앞서거나 뒤
서거나 하지 않고 동시에 계속 되는 것이며, 우유-엉긴 우유-기름, 물-수
증기-얼음과 같이 생겨나는 것과 없어지는 것이 별개의 것이지만 앞서거
나 뒤서거나 하면서 지속된다. 인간이나 사물은 모두 이와같이 지속된다
는 것이다.

우유는 엉기게 되고 기름으로 변한다. 물은 수증기가 되고 얼음이 된다. 그러나 우유
나 물의 성질은 그대로다. 불교에서는 인간이나 사물도 생겨나거나 없어지지 않고
앞서거나 뒤서거나 하면서 지속된다고 한다.

5. 사람이 동물로 태어날 수 있는가?

살코기를 훔쳐서 독수리로 태어났음

곡물을 훔쳐서 들쥐로 태어난듯

씨앗이나 정자에는 인간의 형태가 숨어있다. 따라서 인간의 영혼이 다른 동물, 곤충, 벌레의 몸속으로 들어갈 수는 없는 것이다. 인간이 자기 개발에 소홀히 하면 일시적으로 퇴화할 수는 있지만 바로 동물로 태어날 수는 없다.

불교나 힌두교의 환생 이야기에 의하면 죄가 극악하면 저급한 동물로 환생한다. 그러나 이러한 동물이나 곤충들은 인간의 속성을 상징적으로 나타낸 것이라는 해석이 지배적이다. 예컨대 근면함은 개미로, 비굴한 성격은 구더기로 나타내는 것과 같은 것이다. 육체는 동물 세계로부터 물려받은 유산이고 진화의 실체이자 본질적인 것은 정신적인 것이며 이는 영혼의 씨앗이다.

씨앗이나 정자에는 동물, 식물, 인간의 형태가 숨어있다. 하나의 종자는 특정한 종의 형태로만 발전되며 영혼의 씨앗이라고 할 수 있는 생명의 흐름도 마찬가지다. 따라서 강낭콩이 씨앗이 벼로 자라는 것이나 사람의 영혼이 새, 곤충, 벌레의 몸속으로 들어가는 것은 생명계를 지배하는 자연의 법칙에 어긋난다. 진화나 퇴화는 단계적이며 우주에서 불 안개가 고체의 행성으로 변하는데도 수백억 년이 걸렸다.

경작, 사육에 소홀하면 식물과 동물이 일시적으로 퇴화할 수는 있으나 다른 종류로 바뀌지는 않는다. 인간이 동물로 태어난다는 것은 인간의 의식을 구성하는 요소 중 저차원적이고 동물적인 부분만 그렇게 된다는 뜻이며 인간적 요소가 퇴화된다는 것을 의미한다.

인간이 동물로 태어나기 위해서는 퇴화를 거듭하여 인간적 요소가 모두 사라져야 하며 그 시간은 인간적 요소가 깨어나는데 걸렸던 진화의 기간만큼 긴 시간이 필요하다. 결국 오랜 세월동안 진화를 거듭해 마침내 인간의 형태를 갖게 된 한 생명 흐름이 죽은 후 49일 만에 갑자기 다른 종류의 생명체로 태어나는 것은 불가능하다고 한다.

6. 환생의 끝 - 니르바나

인간이 욕망과 집착에서 벗어나 참다운 지혜를 얻게 되면 '나'라는 개체가 사라지고 환생의 굴레에서 벗어나 니르바나에 도달하게 된다. 그곳에서는 죽음도 없고 태어남도 없다. 거기는 슬픔과 괴로움의 끝이며 스스로 빛나고 기쁨과 행복으로 가득한 텅 빈 충만의 세계다.

인간의 욕망은 그의 의지이고 운명이다. 인간은 그가 집착하는 욕망에 따라 행동하며 욕망과 집착은 죽은 다음에도 남는다. 불교에 따르면 욕망을 가진 자는 환생을 계속할 수밖에 없으며 윤회(삼사라: 방황)라는 탄생과 죽음의 사이클에서 해방되지 않는 한 끝없이 삶을 되풀이할 수밖에 없다. 생사를 반복하는 원인은 집착에 있다. 방황을 멈추고 대자유를 얻으려면 도덕적, 헌신적 삶을 살아야 하고 참다운 지혜를 얻어 집착하지 않는 마음을 가져야 한다.

세속적 욕망과 무지에서 벗어나면 '나'라는 개체는 사라지고 마음의 참된 의식, 존재의 근원, 완전한 선을 지닌 신 또는 불성을 만나게 된다. 이때는 마음과 물질이 하나라는 것을 알게 되고 세상의 모든 것들이 마음이 만들어 낸 환영, 실체가 없는 허상이라는 사실을 깨닫게 되어 '나'라는 에고(ego, 집착 덩어리)를 탈피하게 된다.

모든 존재의 궁극적 목적은 환생의 굴레에서 벗어나는 것이며 니르바나(Nirvana)는 모든 고통과 번뇌가 끊어진 경지, 천국과 지옥 등 모든 세계를 초월한 경지로서 완전한 깨달음 후에 만나는 세계이며 그곳은 윤회에서 벗어나 있다. 니르바나에서는 죽음도 태어남도 없다. 그곳은 괴로움과 슬픔의 끝이다. 니르바나는 모든 생각과 설명을 초월한 경지이며 생명력으로 충만한 세계이며, 아무런 걸림도 없으며, 스스로 빛나고 기쁨과 행복으로 가득 찬 텅 빈 충만의 세계다.

7. 플라톤의 영혼 불멸 사상

플라톤은 지금의 현실은 신기루와 같은 것이고 참 실재는 다른 장소에 있다고 한다. 그렇다면 눈앞의 물체들은 사라져도 그 원형은 어딘가에 남아 있다는 결과가 된다. 플라톤에 의하면 영혼은 이데아의 지식을 갖고 이 육체에 들어 왔고 대상이 인식되는 것은 이데아가 상기되기 때문이다. 영혼은 이 세상에서 직시할 수 없고 인간은 이성에 의해서만 그것을 생각할 수 있을 뿐이다. 영혼에게 있어서 육체는 빌려 입은 옷과 같은 것이고 잠시 머무는 숙소에 지나지 않는다. 따라서 육체가 없어져도 영혼은 사라지지 않는다. 플라톤은 인생의 목표가 죽음을 연습하는 일, 즉 최대한 스스로를 육체와 격리시키는 것이라고 하였다. 플라톤에 의하면 인간은 이상을 추구하지만 영혼은 욕망에 따르는 경향이 있기 때문에 이성의 힘으로 욕망을 제어하여야 하며 이기심을 극복하고 가장 고차원적이고 정신적인 사랑의 단계로 나아감으로써 순수하고 완전무결한 이데아를 인식하게 되어 영혼의 자유를 얻게 된다.

플라톤에 의하면 지금의 현상은 신기루와 같은 것이고 참 실재는 다른 장소에 있다. 육체는 빌려 입은 옷과 같은 것이며 인간은 이성의 힘으로 욕망을 제어하고 이기심을 극복하여 영혼의 자유를 얻어야 한다.

8. 니체의 영겁 회귀 사상

니체에 의하면 세상에서는 무의미·무목적인 똑같은 일이 영원히 반복될 뿐이다. 니체는 이 상태를 영겁회귀라 불렀다. 니체는 영겁회귀는 무한한 시간이 흐르는 가운데 똑같은 현상이 무한히 반복되는 것, 지향해야 할 목표도 도달할 장소도 없이 세계가 영원히 자기 자신으로 회귀하는 것을 말하는데 니체에게 있어 인간에게 주어진 과제는 이 최고의 무의미함을 견딜 수 있는가의 여부다.

인생이 원을 그리고 있는 것이라고 한다면 시작도 끝도 없는 것이고, 오히려 이 순간이 모든 것으로 영겁회귀는 허무한 상태가 아니다. 영겁회귀 사상은 우리에게 매 순간의 황홀감을 가르쳐 주고 고통 속에 있어도 운명을 사랑하라는 메시지를 전한다.

지금과 같은 인생이 똑같이 반복된다고 해도 그것을 흔쾌히 받아들일 수 있고 고통을 극복하는 과정에서 인간은 성숙되고 영혼이 고양된다. 니체는 더이상 르상티망(한, 울분)을 터뜨리는 것을 그만두고 니힐리즘을 초극하여 생을 긍정하고 열심히 살아가라고 한다.

세상은 무의미하고 무목적적인 똑같은 일이 반복될 뿐이다. 인간에게 주어진 과제는 이 최고의 무의미함을 견딜 수 있는가 하는 것이며 인간은 그것을 흔쾌히 받아들이고 열심히 살아야 한다. 생을 긍정하라! 구원은 지상에서 찾아라! 조금 덜 희망하고, 조금 덜 후회하고, 조금 더 사랑하라! 이것이 니체 구원론의 핵심이다.

제11절 죽은 후에 무엇으로 태어나는가?
1. 카르마의 법칙

> 카르마는 연속성과 보복성이 있다. 카르마는 죽음과 환생 후에도 계속 유지되고 인간이 도덕률에 어긋나는 행동을 할 때는 그에 상응하는 벌칙이 따른다.

카르마는 연속성이 있다. 카르마는 죽음과 환생 후에도 계속 유지되며 수많은 생 동안 비상한 노력을 기울이게 되면 특별한 재능을 가지고 태어나게 된다. 같은 부모 아래서 태어난 형제들의 외모, 성격, 재능이 판이하게 다른 것도 카르마의 결과다.

또 카르마는 보복성이 있다. 예컨대 남에게 창피를 준 사람은 얼굴에 흉한 점이나 흉터를 갖게 되고 살찐 것을 경멸하면 비만으로 태어나고, 남을 무시하면 거지나 노숙자로 태어나게 된다. 마누법전에 의하면 귀중품을 훔친 자는 금세공하는 부족(천민)으로, 타작하지 않은 곡식을 훔친 자는 들쥐로, 물을 훔친 자는 잠수부로, 살코기를 훔친 자는 독수리로, 기름을 훔치면 기름 먹는 딱정벌레로, 향수를 훔친 자는 사향쥐로 태어난다. 카르마의 보복은 형벌이 아니라 우주의 법칙(도덕율)에 어긋나는 행동을 할 때의 반작용으로 그것은 우주의 법칙에 어긋나지 않도록 기회를 주는 것이며 삶의 균형을 찾도록 도와주는 것이다.

윤회와 카르마의 교리에 대해서는 계급의 이익을 위한 이론이라는 비판이 있다.

2. 플라톤의 환생 사상

플라톤의 「국가론」에 나오는 저승세계 이야기에서 시인이자 음악가인 오르페우스는 백조의 삶을, 트로이 전쟁의 영웅 아이아스는 사자의 삶을 선택한다. 동물들을 비유와 상징(백조-음악, 사자-용기)으로 해석한다면 각 영혼들은 자신의 카르마에 따라 환생하게 된다고 볼 수 있다.

　플라톤의 국가론 제10권에는 전쟁터에서 죽고 난 후 12일 만에 화장용 장작더미 위에 누워 있다가 소생한 에르의 모험담을 싣고 있다. 에르가 저승에서 목격한 것은 영혼들은 대부분 자신들의 경험을 바탕으로 새로운 삶을 선택한다. 시인이자 음악가였던 오르페우스는 백조의 삶을, 트로이 전쟁의 영웅 아이아스는 사자의 삶을, 그리스의 총지휘자 아가멤논은 독수리의 삶을, 구혼자에게 목숨을 담보로 달리기 경주를 제안했던 아탈란타는 육상선수의 삶을, 광대 테르시테스는 원숭이의 삶을 각 선택하였다. 위에서 나온 동물들을 비유와 상징(백조-음악, 사자-용기, 독수리-우두머리)으로 해석한다면 각 영혼들은 자신의 카르마에 따라 환생하게 된다고 볼 수 있다. 한편 오딧세우스는 전쟁을 회상하고 야망의 덧없음을 깨닫고 평범한 인간의 삶을 선택하는데 이것은 평범한 인간의 삶이 가장 근심 걱정이 없고 즐거움을 느낄 수 있는 감각의 폭이 넓기 때문에 가장 행복한 삶, 최선의 삶으로 생각했기 때문이다.

3. 기독교의 부활론

원죄를 갖고 태어난 인간은 삶을 신에게 의탁하고 속죄와 신앙, 사랑을 베풀고 자비를 행함으로써 신의 구원을 받아 부활하여 영생의 삶을 얻게 된다.

552년 제2차 콘스탄티노플 종교회의에서는 전생과 윤회 환생설을 주장하는 자를 파문하겠다고 결정하였다. 정통 기독교에서는 고대에 폭넓게 퍼져있던 윤회와 환생에 대한 믿음을 부정한다.[1] 기독교에서는 단 하나의 우주만을 인정하고 있으며 이 우주는 처음이자 마지막이다. 또 기독교에서는 두 개의 삶만을 인정한다. 지금의 육체를 가진 삶과 부활한 육체를 가지고 살아가는 삶이 그것이다. 현재의 삶은 두 번째의 삶(미래의 삶)을 영원히 결정짓는다. 원죄를 갖고 태어난 인간은 삶을 신에게 의탁하고 속죄와 신앙, 사랑을 베풀고 자비를 행함으로써 신의 구원을 받아 부활하여 영생의 삶을 얻게 된다.

기독교의 구원 사상에 의하면 인간은 영혼 뿐 아니라 육신까지 그대로 부활한다. 개체성과 의식을 그대로 유지한 채 영혼과 육체가 결합된 하나의 완성된 개체가 온전히 되살아나고 사랑하는 존재들과도 영원히 이별하지 않게 된다. 신의 계명을 따르고 신 안에서 살고 사랑할 때 신의 은총으로 불멸의 승리를 보장받게 된다는 것이다.

기독교 등장 이전의 스토아 철학에서는 개인은 코스모스라는 전체 속으로 융합되어 없어지는 존재이며 개체의 영속성이 부정되었다. 이것은 유한성의 공포라는 인간의 불안에 대한 궁극적 해결책이 될 수 없었기에 점차 기독교의 구원론이 대세를 장악하게 되었다.

---

1) 도미니크 교단의 사제였던 브루노(1548~1600)는 "모든 생명체에 영혼이 깃들어 있고 영혼은 환생한다. 영혼의 유목민들은 영원한 변화와 순환 속에서 온갖 형태의 모습을 거쳐 간다. 우주는 무한하고 영원하다"고 주장하였다. 그는 1600년 2월 8일에 로마에서 이단으로 몰려 화형을 당했다.

제12절 죽기 전에 해야 할 일

붓다에 의하면 갓 태어난 아기, 노인, 질병, 죄수, 시체는 죽음의 다섯 사신이다.

위의 다섯 가지 사신들은 죽음이 필연적이며 늘 우리 곁에 있다는 것을 항상 알려주고 있으나 사람들은 죽음의 필연성을 망각한 채 자신이 영원히 사는 존재인 양 무지와 어둠 속에서 살아간다. 의식 있는 사람들은 죽음은 우리 곁에 있고 언제든지 찾아올 수 있으며 삶과 죽음은 둘이 아니라는 것을 알고 있기에 사신들의 경고를 가슴 깊이 새기고 운동, 건강관리, 음식에 신경을 쓰고 덕을 베풀고 선업을 쌓으며 좋은 삶을 살아가고자 하며 좋은 죽음을 준비한다.

죽음이 가까이 찾아 왔을 때는 이를 적극적으로 맞아들이고 이제껏 나를 지탱해 온 육신, 가족, 친지들에게 감사하고 이별할 준비, 다음 세상을 맞이할 준비를 해야 한다. 인생을 되돌아보고 모든 빚을 청산하고, 잘못을 용서하고 원한과 복수심이 무의식에 저장되지 않도록, 마음에 맺힌 것이 없도록 하여 마음의 짐을 최대한 가볍게 하고 최대한 의식을 유지한 상태에서 가족과 친지의 축복 속에 마치 축제에 초대받았다가 떠나는 사람처럼 기쁜 마음으로 가볍게 떠나야 한다.

가족이나 남긴 재산, 육신에 미련을 갖거나 가족들이 울부짖고 소란피우는 것은 가장 피해야 할 일이다. 이승에서 마지막 생각이 저승에서의 첫 번째 생각이 된다면 이것은 새로운 탄생에 위협이 되는 상황을 초래할 수 있기 때문이다.

해프로 모두 같고,
거아들그라도 더 시간을
함께 보내고…
이제까지 내 삶을 지탱
해준 모든 것들에 감사해.

잘 죽는다는 것은 잘 살았다는 것을 의미하므로 좋은 죽음을 준비함으로써 삶을 아름답게 마무리할 수 있다.

제13절 자살
1. 죽음을 향한 충동 - 타나토스

인간이 죽음의 충동을 느끼는 이유는 죽음을 통해서라도 극복하고 싶은 것이 있기 때문이다. 쇼펜하우어는 자살은 삶의 의지, 삶의 욕구가 지나치게 커진 결과라고 하였다.

프로이트에 의하면 인간의 욕망은 성적인 충동(리비도)과 죽음을 향한 충동(타나토스)의 결합이다. 인간이 죽음의 충동을 느끼는 이유는 죽음을 통해서라도 극복하고 싶은 것이 있기 때문이며, 그런 의미에서 라캉은 모든 충동(drive)은 죽음 충동(death drive)라는 결론에 이르게 되었다. 이러한 사유는 헤겔의 인정 투쟁에서도 찾을 수 있는데 헤겔은 "죽을 수도 있다는 두려움을 뚫고 자신의 욕망을 관철했을 때 자유가 주어지며, 노예는 죽음이라는 대가를 치르고서라도 인정을 받기 위해 노력하여 자신의 욕망을 관철하고자 한다"고 주장하였다.

염세주의 철학자 쇼펜하우어(1788~1860)는 "인간이 태어났다는 사실 자체가 괴로움이며 우리는 비이성적인 의지에 조종당하며 새로운 욕망과 고통에 시달린다"고 하였다. 쇼펜하우어는 "자살은 삶의 의지, 삶의 욕구가 지나치게 커진 결과"이며 자살자는 "살면서 이러이러한 것을 하지 못한다면 차라리 나 자신을 파괴하겠어"라고 말한다고 하였다.

염세주의자들은 자살할 수 있다는 가능성을 항상 열어놓고 있기 때문에 역설적으로 눈앞의 문제를 견뎌낼 수 있는 힘을 갖게 되어 더 오래 사는 것인지도 모른다.

2. 자살은 때로는 실존적 결단이다

나치 시대와 같은 특수한 상황, 폭력과 억압이라는
강력한 외부적 요인 때문에 더 이상 도망칠 곳이
없는 상황에서 아우슈비츠로 끌려가기보다 자살을
택하는 것은 도덕적 선택이자 실존적 결단의 결과
로 볼 수 있다. 현실을 긍정하고 있는 그대로의 모
든 것을 사랑하라는 니체의 아모르 파티(amor fati)
는 이러한 상황에서는 도달 불가능한 목표가 된다.

『살아남은 자의 슬픔』이라는 시를 남긴 브레히트(Bertolt Brecht, 1898~
1956)는 제2차 세계대전 동안 나치의 핍박을 받으며 유대인 동족과 친구들
은 죽임을 당했는데도 자신만은 살아남아 있다는 부채의식 때문에 죄책
감에 시달렸다. 그의 절친한 친구인 비평가 발터 벤야민(Walter Benjamin,
1892~1956)는 유대인이라는 이유로 나치의 박해를 받던 중 나치의 추격을
피해 피레네 산맥을 넘다가 프랑스와 스페인의 국경지대에서 음독자살했
다. 그 밖에도 많은 친구들이 유대인 강제 수용소에 끌려가 목숨을 잃었
다. 이들이 살았던 시기에는 나치시대라는 특수한 상황의 폭력과 억압이
라는 강력한 외부적 요인이 자살의 동기를 유발하였다.

더이상 도망칠 곳이 없는 막다른 길목에서 아우슈비츠로 끌려가기보다
자살을 결심하는 것은 자신의 삶을 선택할 수 있는 인간의 자유에서 비롯
된 것이며, 이는 도덕적 선택이자 실존적 결단의 결과로 볼 수 있다.

알베르 카뮈에 의하면 삶의 부조리를 인식한 인간은 자살을 선택할 수
도 있고 이 경우 자살은 단순히 감정적인 행동이 아니라 실존적 결단의
산물이다.

3. 뒤르켐의 『자살론』

종래에는 자살을 개인적 문제로 보고 인종, 유전, 정신질환, 알콜중독, 모방 등 비사회적 요인을 연구하였으나 뒤르켐은 자살이 신경쇠약, 정신병 등 신체·물리적 조건과는 확정적 관계가 없으며 그것은 개인적 문제를 넘어선 사회병리 현상이라고 파악하였다.

뒤르켐에 의하면 자살은 사회적 통합 정도와 관계가 있다.

사회구성원 사이의 유대감이 느슨하고 개인주의적 성향이 팽배한 사회에서는 이기적 자살이 자주 일어난다. 사회통합이 약한 경우에는 연대감의 결여로 이기주의가 만연하게 되고 그 결과 욕구불만, 좌절감이 쌓이게 되며 고독이 자살을 부추기기 때문이다. 또 사회적 결속이 강하고 집단주의적 경향을 띤 사회에서는 사회적 가치가 개인적 가치에 우선하기 때문에 자신이 속한 집단을 위한 자살이 자주 발생한다(예-가미카제 자살 특공대).

한편 서로 다른 가치규범이 뒤섞여 있는 사회, 급격한 변동의 한가운데 있는 불안정한 사회에서는 사회통제가 붕괴되고 무규범의 사회 조류로 인하여 아노미적 자살이 쉽게 발생한다.

뒤르켐은 『자살론』에서 심리적 문제로 간주되던 자살현상 뒤에 사회적 요인이 있다는 사실을 설명하고 있다. 뒤르켐은 자살에 대한 해결책으로 직업집단의 공적 역할을 강조하며 직업집단을 통하여 사회적 연대를 다지고 강화해 나가야 한다고 주장하였다.

뒤르켐은 자살을 개인적 문제를 넘어선 사회적 병리 현상으로 파악하였다. 심리적 원인보다 사회적 요인이 자살에 영향을 미친다는 것이다.

4. 자살의 전염성 ① - Gloomy Sunday(우울한 일요일)

이 노래에 취한 사람들은 187명이나 자살하였고 이 노래를 레코드에 담은 가수도 자살하였다. 이 노래는 자살의 전염성을 말할 때 자주 인용되고 있다.

1930년대 헝가리 부다페스트에 있는 한 레스토랑에서 피아노를 연주하던 레조 세레스라는 음악가가 실연失戀의 절망에 빠져 작곡한 이 노래는 음반이 나오자마자 전 유럽의 라디오방송을 강타하였고, 8주 만에 이 노래에 취한 사람들 가운데 187명이나 자살을 했다. 헝가리 당국과 영국 BBC는 이를 금지곡으로 묶었지만 미국에서 빌리 할러데이와 루이 암스트롱이 부르면서 세계적인 히트곡이 되었다.

작은 흰 꽃들도 너를 기다리지 않고
슬픔의 검은 마차도 너를 태워가지 않는다.
천사들도 네게 돌아오지 않는다.

「gloomy sunday」

작곡자 세레스는 1938년에 자살했고 미국에서 이 노래를 자신의 레코드에 담은 가수 빌리 매킴지도 1997년 자살하였다. 그래서 이 노래는 약간의 신비주의가 덧씌워진 채 자살의 전염성을 말할 때 자주 인용되고 있다.

5. 자살의 전염성 ② - 베르테르 효과

베르테르 효과(Werther Effect)는 1974년 사회학자 필립스가 유명인이 자살한 직후에 사회적으로 자살율이 급증하는 현상에 붙인 이름으로서 괴테의 소설 「젊은 베르테르의 슬픔」이 모방 자살을 퍼뜨렸다는데서 유리한다. 주인공 베르테르는 로테와의 사랑을 이루지 못하고 끝내 권총으로 자살하게 되는데, 소설이 19세기 유럽의 젊은이들 사이에서 공감대를 형성하며 널리 읽혀지자 그 소설의 주인공 베르테르처럼 자살하는 젊은이들이 급증하였다.

젊은 베르테르의 슬픔에 나오는 주인공 베르테르는 로테와의 사랑을 이루지 못하고 끝내 권총으로 자살하게 되는데 이 때문에 19세기 유럽에서는 자살하는 젊은이들이 늘어났다.

6. 자살을 강요하는 현대사회

　무서운 속도로 질주하는 무한 경쟁의 사회, 허위와 가식을 강요하는 사회는 자살을 강요한다.

　김영하의 소설『나는 나를 파괴할 권리가 있다』에 나오는 총알택시 운전사인 K는 오직 밤의 도로에서, 시속 150km로 달리는 차 안에서만 자신이 살아있음을 느낀다. 행위 예술가인 미미는 자신의 일회적인 행위예술이 비디오 안에 담긴 채 반복되어 재생되는 데에 끔찍함을 느낀다. 반복은 그녀에게 가장 혐오스러운 대상이다. 그녀는 죽음으로 단 한 번이나마 진실을 쟁취할 수 있다는 생각에 사로잡혀 욕조에서 자살한다.

　소설 속의 인물들에게는 자살을 강요하는 사회의 분위기가 있다. 무서운 속도로 질주하는 자본주의사회, 허위와 가식을 강요하는 사회, 지루하게 반복되는 노동과 소외, 가까운 사람들과도 맺을 수 없는 관계의 부재는 인물들을 극단의 결핍으로 몰아넣고 자살을 강요한다.

　오늘날을 살아가는 인간 존재는 목적 없이 살아가다가 죽음에 대한 필요 충분 조건이 아니라 충분조건만 있으면 자살한다. 생중계되는 전쟁폭격 장면과 죽음을 보면서 환호하고, 연쇄 살인사건들이 잇달아 발생하는 것은 현대 사회가 인간을 죽음에 대한 욕망 쪽으로 극단적으로 편집광적으로 집착하게 하기 때문이다. 자살 충동은 병리적인 삶을 살아가는 현대인의 삶의 징후이며 부조리한 상황을 대변한다.

김영하

무서운 속도로 질주하는 무한 경쟁의 사회, 허위와 가식을 강요하는 사회는 자살을 강요한다.

7. 박완서『옥상의 민들레꽃』- 자살방지의 묘안

딱딱한 시멘트 속에서도 꿋꿋하게 생명을 지키는 민들레꽃은 사람들에게 살아갈 용기와 희망을 준다.

　박완서의 단편소설「옥상의 민들레 꽃」에서 사람들은 궁전아파트에 사는 사람들은 행복할 것이라며 부러워한다. 그러나 그 아파트의 베란다에서 할머니가 둘씩이나 떨어져 자살하는 사건이 일어난다. 아파트 주민들은 소문이 나면 아파트 값이 떨어질 것을 두려워하여 대책을 협의하기 위해 회의를 연다. 주인공인 나(초등학교 학생)는 엄마를 따라 회의에 참석한다. '나'는 아주 어렸을 적 엄마가 나를 사랑하지 않는다는 생각을 한 적이 있다. 자신이 부모나 가족에게 필요 없는 존재라고 생각한 적도 있다. 아무도 자신을 알아주지 않고 사랑하지 않는다는 생각이 들자 슬픔에 겨워 옥상에 올라가 떨어져 죽을까 생각을 했는데 그 순간 흙이랄 것도 없는 한 줌의 먼지에 겨우 뿌리를 내리고 피어있는 작고 보잘 것 없는 민들레꽃을 보았다. 어렵고 척박한 여건에서도 눈물겹게 살아남아 딱딱한 시멘트 속에서도 꿋꿋하게 생명을 지키는 민들레꽃을 보고 죽으려고 한 자신의 성급한 판단이 부끄러운 생각이 들어 그냥 내려온 적이 있다. 나는 이런 경험으로 인해 할머니가 자살한 이유(따뜻한 사랑과 관심의 부재)를 알고 있고 자살을 방지하기 위한 묘안도 알고 있다. '나'는 베란다에 민들레꽃(강인한 생명력으로 용기와 희망을 주는 존재)을 심는다면 죽으려고 하는 사람이 마음을 돌릴 수 있을 것이라고 생각한다. 그러나 어른들은 어린 '나'에게 끝내 말할 기회를 주지 않는다.

자살방지의 방안
■개인적 차원
위기와 절망을 극복하는 힘과 지혜, 강한 의지와 용기, 극한 상황에서도 웃음을 잃지 않는 낙천적·긍정적 삶의 태도가 필요하다.
■사회적 차원
• 공동체의 회복 - 타인에 대한 관심과 사랑, 상부상조
• 민주적·합리적 소통체제 확립, 자유의 보장
• 복지국가(사회안전망 확보, 상생의 시스템과 제도확립)

제14절 절명시

1. 매천 황현의 절명시絕命詩

어지러운 세상 부대끼면서 흰 머리가 되기까지
몇 번이고 목숨을 끊으려다 이루지 못했도다.
오늘날 참으로 어찌할 수 없고 보니
가물거리는 촛불만 푸른 하늘을 비추네
……

새와 짐승들도 슬피 울고 강산도 찡그리네.
무궁화 온 세상이 이젠 물속으로 가라앉았네.
가을 등불 아래 책 덮고 지난 날 생각 하나,
세상에서 지식인 노릇 하기가 어렵기만 하구나.

　　1910년 경술국치를 당하자 서울을 떠나 시골에 칩거해 있던 선비 매천 황현梅泉 黃玹선생은 "나라가 선비 기르기 5백 년인데, 나라가 망하는 날 한 사람도 죽는 자가 없다면 어찌 통탄스럽지 않으랴"라고 절규하면서 "망국 선비로는 못산다"라는 유언과 함께 그 유명한 「절명시」를 남기고 더 덕 술에 아편을 타 마시고 자결하였다. 이 시는 험난한 역사 속에서 지식인으로서의 처신을 어려움을 말하고 있으며, 그 당시 어찌할 도리가 없이 힘없이 당해야 하는 상황에서의 지식인의 저항의 모습과 선비적 지조를 볼 수 있다.

　　만해 한용운은 옥중에서 「황매천」이라는 제목으로 다음과 같은 시를 남겼다.

의로운 그대 나라 위해 영면했으니
눈 부릅 떠 억겁 세월 새 꽃으로 피어나리
황매천 엄청난 한을 다하지 말고 남겨둡시다
사람됨을 스스로 괴로워했던 것 크게 위로 하고프니

나 하늘로 돌아가리라
새벽빛 와 닿으면 스러지는
이슬 더불어 손에 손을 잡고

나 하늘로 돌아가리라
노을빛 함께 단 둘이서
기슭에서 놀다가 구름 손짓하면은

나 하늘로 돌아가리라
아름다운 이 세상 소풍 끝내는 날
가서, 아름다웠더라고 말하리라

천상병 『귀천』

인생은 햇빛을 받으면 금방 사라져 버리는 이슬처럼 짧은 순간이다. 시
인은 죽음을 초연한 태도로 바라보며 욕심과 집착을 버리고 주어진 삶을
깨끗하고 아름답게 살다 가겠다는 소망을 노래한다.

나 하늘로 돌아가리라, 아름다운 이세상 소풍
끝내는 날 가서 아름다웠더라고 말하리라

제15절 죽음에 관한 명언

Death left the house for the hospital.

죽음은 집을 떠나 병원으로 갔다.

- 아리에스

과거에는 죽음은 부모, 친구, 이웃들의 보살핌을 받으면서 죽어가는 자가 주도하던 의식이었으며 예고와 작별이라는 아름다운 규칙성을 가졌다. 그러나 현대사회에서 죽어가는 사람은 병원으로 보내졌고 의료기술의 발달로 효과적인 치료를 받고 수명이 연장되었음에도 자연스럽게 죽음을 받아들이고 자신의 존재를 주변과의 관계 속에서 친밀하게 끝맺는 것은 더 어렵게 되었다.

Modern people forgot death. Death became unfamiliar to them as becoming wild one.

현대인들은 죽음을 망각했다. 죽음은 야성적인 존재로 낯설어졌다.

- 아리에스

현대인들은 물질적 풍요와 의료기술의 영향으로 현재의 행복에 치중하느라 충분히 그리고 가까이에서 죽음을 보지 못함으로써 죽음을 망각했다. 죽음은 야성적인 존재로 낯설어졌다는 것이다.

These days, death became taboo and was isolated from reality.

오늘날 죽음은 터부시되고 삶의 현장에서 격리되었다.

- 아리에스

현대인들은 물질적 풍요와 의료기술의 혜택을 누리며 살고 있기에 현재의 행복을 중시하고 죽음은 과학기술의 패배로 간주하여 금기시 된다. 이 때문에 죽음은 삶의 현장에서 격리되어 병원으로 가게 되었고, 이로써 가족과 친지들이 지켜보는 가운데 아름다운 작별을 고하는 의례성을 상실하게 되었다.

Without death, there is no hope for revival.

죽음이 없다면 재생의 희망도 없다.

죽음이 없다면 우리는 영원히 늙고 추한 모습으로 죽기를 애원하며 살아가야 한다. 죽음이 없다면 봄이 돌아와도 꽃이 피지 않는 황무지처럼 재생의 희망이 없는 모습으로 비참하게 살아가야 한다.

Only by living at the edge of death can you understand the indescribable joy of life.

죽음의 가장자리에 살아보아야만 형언할 수 없는 삶의 기쁨을 이해할 수 있다.

죽음을 생각할 때 삶이, 이 세상이 아름답다는 것을 알게 되고 생을 가치 있게 살아야 한다는 자각을 하게 된다.

Death makes up for life and makes life more worthy.

죽음은 삶을 보완해주고 가치 있게 만든다.

죽음을 생각하면 매일 일상적으로 보던 것들이 아름답고 소중하게 느껴지고 돈과 부동산이 나를 보호해 주지 못한다는 것을 알게 된다. 죽음이 있기 때문에 우리는 매 순간을 소중히 여기게 되고 무엇이 가치 있는 삶인가, 어떻게 살아야 하는가를 생각하게 된다. 그렇게 미리 경험해 본 죽음이 지금의 나의 삶을 반성하게 만들고 새 삶을 기획하게 만든다.

Death is like to untie something which was hung on the sky upside down.

죽음은 하늘에 거꾸로 매달린 것을 푸는 일과 같다.

- 장자

죽음은 하늘에 거꾸로 매달린 것을 푸는 일과 같아서 고통에서 풀려나 오히려 행복하게 되는 일인지도 모른다. 사는 일이 거꾸로 매달려 있는 것과 같이 괴로운 줄도 모르고 사람들은 더 살기 위해 발버둥친다.

Memento mori.

죽음을 기억하라.

Carpe diem.

현재를 즐겨라.

사람이 죽지 않고 영원히 살 수는 없으므로 언젠가는 헤어져야 할 모든 인연은 소중한 것이고 잃을 수밖에 없는 것이기에 마주하는 지금 이 순간을 소중히 여기며 열심히 살아가야 한다.

Death is a process of changing your clothes.

죽음이란 옷을 갈아입는 과정이다.

Do not stand at my grave and sweep. I am not there. I do not sleep.

내 무덤가에 서서 울지 마세요. 나는 거기 없고 잠들지 않았습니다.

– 인디언 구전 시

우리 몸을 이루고 있는 원자들은 자연으로 돌아가 자연에 의해 계속 순환되며 바람, 눈, 햇빛, 가을비, 새, 별 속으로 들어가 세상을 떠돌다가 새로운 원소들의 인연조합에 의해 더 아름다운 존재로 다시 태어나게 된다는 것이 이 시의 사상적 기저를 이루고 있다.

Death is a law not a punishment.

죽음은 벌이 아니라 법칙이다.

Death is more universal than life.

죽음은 삶보다 더 보편적이다.

Death is the most beautiful adventure in life.

죽음은 인생의 가장 아름다운 모험이다.

He who fears death has already lost the life he covets.

죽음을 두려워하는 것은 그가 일생에서 애써 얻으려는 것을 이미 잃은 것과 같다.

죽음이 없다면 인간은 반복되는 권태에 시달리며 늙은 채로 죽기를 애원하며 절망 속에서 비참한 모습으로 영원히 살아가야 한다. 영생은 축복이 아니라 끔찍한 형벌이며 죽음은 형벌이 아니라 생명을 더욱 찬란하게 해주는 인생의 가장 귀중한 선물이다. 인생이라는 학교에서 지혜를 얻기 위해 애쓰고 생을 제대로 산 사람들은 고달픈 인생살이 후 휴식을 취하고 싶어 하며 새로운 출발에 대한 기대감을 갖는다.

All is well that ends well

끝이 좋아야 다 좋다.

잘 사는 것은 잘 죽는 것으로 마무리된다. 그러므로 잘 죽는다는 것(well-being)은 잘 살았다는 것을 뜻한다.

Every end is a new beginning.

모든 끝은 새로운 시작이다.

Death reveals the eminent.

죽음은 탁월한 사람들을 드러낸다.

사람들은 눈에 보이는 가치에 현혹되기 때문에 생전에는 사람의 진정한 가치를 잘 식별하지 못한다. 재산, 지위에 가려져 있던 사람의 중요한 가치는 사후에 흔적을 드러내고 향기를 남긴다.

The Drama of life begins with a wail and ends with a sigh.

삶의 드라마는
울부짖음으로시작되어
한숨으로 끝난다.

Life is a journey. Complete it!

인생은 여정이다. 끝마쳐라!

I knew if i stayed around long enough, something like this would happen.

우물쭈물하다가 내 이럴 줄 알았다.

- 버나드 쇼